A Jesús, quien con sus brazos abiertos en una
cruz nos dio el abrazo más completo
que jamás nadie podrá darnos.

A Ruth, el amor de mi vida, porque en aquel desierto
que atravesamos juntos me volví a encontrar con la
Gracia, esa Gracia que nos acompañará
el resto de nuestras vidas.

GRACIA

DE REYES, PROSTITUTAS Y OTRAS HISTORIAS...

RICARDO ALDERETE

e625.com

GRACIA DE REYES, PROSTITUTAS Y OTRAS HISTORIAS...
e625 - 2024
Dallas, Texas

Todas las citas bíblicas son de la Nueva Biblia Viva (NBV) a menos que se indique lo contrario.

Edición: **María Gallardo**

Diseño de portada e interior: **Ezequiel Soriano**

ISBN: 978-1-954149-61-8

IMPRESO EN ESTADOS UNIDOS

CONTENIDO

PRÓLOGO

La Gracia es, literalmente y por definición, un regalo inmerecido de parte de Dios para todos nosotros, que se despliega sin distinción de raza, género o circunstancias.

A través de esa Gracia experimentamos el amor incondicional del Creador. Esa Gracia fluye constantemente, como un río, y se manifiesta en cada aspecto y área de nuestras vidas. Nos envuelve en un abrazo cálido, y nos sostiene en nuestro transitar por este mundo.

A veces, en medio de los desafíos y tribulaciones de la vida, podemos sentirnos perdidos o abrumados. Entonces, la Gracia de Dios brilla aún más intensamente, recordándonos que no estamos solos. La Gracia también se manifiesta ante nuestros errores y fracasos. En lugar de juzgarnos o condenarnos, Dios, a través de su Gracia, nos ofrece redención y perdón. Nos enseña a aprender de nuestras caídas y a convertirlas en oportunidades para crecer y mejorar.

La Gracia trasciende los límites de la comprensión humana. Es un misterio que desafía nuestra lógica y nuestras palabras. Pero sabemos que podemos sentir su presencia en los momentos de quietud y contemplación, en la belleza de la naturaleza, en los gestos de amor desinteresado de otras personas, y en los milagros cotidianos que se despliegan a nuestro alrededor.

La única forma de acceder a esa Gracia tan impresionante es a través de la fe, una fe genuina en Jesucristo, el Hijo de Dios.

En este libro, mi amigo Ricky —un gran contador de historias— explora las muchas formas en que la Gracia se manifiesta en cada ser humano. A través de relatos impresionantes, pero basados en hechos reales, podremos ver reflejadas nuestras vidas y cómo Dios nos salva y nos ayuda con su Gracia en momentos desesperantes y de maneras a veces inexplicables.

Espero que, a través de la lectura de estas páginas, esa Gracia divina que alcanzó a tantos te alcance también a ti. Y que este libro te ayude a comprender un poco más ese amor que no mira rostros ni situaciones, sino que mira el corazón.

Adolfo Agüero Esgaib

Pastor de la iglesia "Más que vencedores",
autor y conferencista internacional.

INTRO

Este libro habla principalmente de la redención que llega por Gracia. No pretende entrar en ninguna discusión teológica, ni inclinar la balanza hacia ninguna doctrina en particular. Tampoco busca ser un texto de estudio; hay muchos libros de ese tipo que abarcan y abordan muy correctamente la hermenéutica de todo lo relacionado con la expiación, el sacrificio, la redención y la justicia divina.

La única finalidad de estas palabras es abordar de manera sencilla los alcances de la Gracia de Dios. A partir de estas líneas, deseo genuinamente que puedas realizar un viaje que te permita tener un encuentro real y oportuno con esa Gracia que alcanzó a reyes, a prostitutas, a jueces, a profetas, a guerreros, a ministros, a discípulos, a pescadores y a cobradores de impuestos, todos por igual. Esa gracia que transformó a hombres y mujeres de Dios, que sirvieron y sirven hoy, viviendo para y por su Reino. Así como me alcanzó a mí: un simple muchacho que no tenía mucho más que ofrecer que su propia vida, para que el Señor hiciese con ella lo que mejor sabe hacer. Redimir.

Mi anhelo es que esa misma Gracia te alcance, donde sea que estés y como sea que te encuentres, y que puedas abrazarla hasta el final.

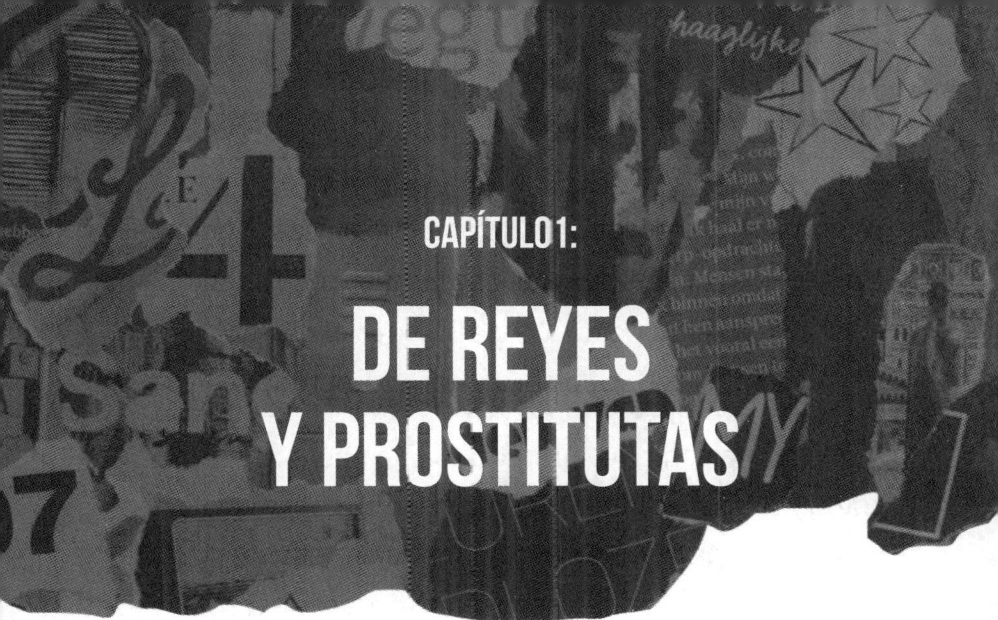

CAPÍTULO 1:

DE REYES Y PROSTITUTAS

–Puedes dejar el pago sobre la mesa –dijo ella mientras recogía su ropa y comenzaba a cubrir su torso desnudo.

–¿Puedo volver mañana a la misma hora?

–Prefiero que no.

–¿Pero acaso no es tu trabajo recibirme?

–Mi trabajo no es recibirte. Si vendo mi tiempo y mi cuerpo es solo porque no encuentro otra manera de sobrevivir. Y yo no ando cuestionando a quienes venden su propia conciencia...

–¿No es lo suficientemente humillante el vender tu cuerpo, como para que oses darme lecciones de moral? –respondió con cierto disgusto el hombre.

–Yo no tengo nada que perder, ni orgullo que defender, pero sí tengo un tiempo que vale dinero, así que mejor lárgate –dijo ella, tajante, dando por finalizada la conversación.

Él terminó de vestirse, recogió sus sandalias y se apresuró a salir por la ventana, intentando que nadie lo viera. Ella entonces cerró la ventana, dejando por fuera un velo rojo que le indicaba a cualquier cliente que quisiera acercarse a su habitación, que en ese momento no estaba disponible. Aparentando estar ocupada, ella dejaría ese lienzo fino colgado de su ventana todo el día. Solo quería sentirse, al menos por veinticuatro horas, una mujer como cualquier otra, y no la prostituta más conocida del pueblo. Se recostó a descansar pensando en todo esto.

No habían transcurrido más de treinta minutos, cuando de repente dos muchachos abrieron la ventana por la fuerza, y dejaron caer sus cuerpos al piso con extremo cansancio. Estaban agitados y pálidos. Sus rostros eran el reflejo del desgaste por haber estado varias horas caminando. Las quemaduras en las mejillas y en el cuello eran testigos de un sol que no les había dado tregua.

El impacto de sus cuerpos contra el suelo provocó un sonido seco que logró despertar a la prostituta, que se había quedado dormida, y que ahora, como si hubiera recibido un baldazo de agua helada por la espalda, de un salto se puso de pie.

–¿Cómo se atreven a interrumpir mi descanso de esta manera? ¡Estoy ocupada, salgan ya mismo!

–Disculpe, señora –respondió uno de ellos–. Necesitamos agua... Y también necesitamos que nadie sepa que estamos aquí.

"¿Señora?", pensó... ¡Nunca se habían referido a ella de esa manera! Era la prostituta del pueblo. Nunca se había casado. Ni siquiera podría haber aspirado a tener una familia. Aunque detuvo su sonrisa interior antes de que se viera reflejada en su rostro, una leve sensación de esperanza recorrió sus pensamientos, solo con esa palabra, "señora". De repente, interrumpió la escena que había empezado a gestarse en su cabeza y volvió la vista a los muchachos.

–¿Acaso se están burlando de mí? Entran a mi habitación sin permiso en busca de quién sabe qué cosa, me piden que calme su sed, y como si todo fuera poco, no quieren que nadie se entere porque se avergüenzan de estar aquí. Probablemente son solo son dos jóvenes en busca de una nueva aventura para contarles a sus amigos.

–¡No, no! ¡Nos ha malinterpretado, señora! –dijo el otro, tratando de calmarla–. Nosotros no somos de este pueblo. De hecho, hemos recorrido varios kilómetros para llegar hasta aquí. Somos espías de un pueblo guiado por Dios, y en pocos días esta ciudad será invadida por nuestro ejército. Pero si en este momento lograran reconocernos, nos matarían.

Asombrada, cayó de su cama y empezó a temblar. Temía por su vida, y rogó a sus visitantes que no la mataran.

–¡Conozco a ese pueblo del que me hablan! ¡Si hubiera tenido la posibilidad de elegir dónde nacer, desearía con todo lo que soy pertenecer a su pueblo! Aquí solo sirvo para calmar placeres ajenos, y para secar sudores de hombres infieles. Prometo cubrir sus espaldas y no revelar que estuvieron aquí. Y sé de un lugar al que pueden ir, cerca del monte. Allí deberán permanecer tres días para que no los encuentren, antes de volver junto a los suyos. Pero antes de partir, aunque no tengo mucho para ofrecerles, si es que sienten ustedes piedad de mi alma, me tomo el atrevimiento de pedirles algo, de proponerles un trato.

–Dinos, mujer, ¿qué podemos hacer por ti?

"¿Mujer?", volvió a pensar dentro de sí. "¿Primero 'señora', y ahora 'mujer'?". Era como si estos muchachos estuvieran jugando con sus emociones. O quizás solo veían su verdadera identidad, esa que hacía tiempo había perdido.

– El trato es el siguiente –dijo ella con cierto nerviosismo, y casi titubeando–: les ofrezco mi casa, mis bienes e incluso hasta mi cuerpo si lo desean, pero cuando su pueblo invada el mío y destruya todo cuanto encuentre a su paso, les ruego que protejan mi vida y la de mi familia. ¡Y que el Dios al que sirven sea mi Dios, si es que todavía soy digna de Él!

–¡Así será! –afirmaron ambos–. Ahora solo necesitamos agua y que nos ayudes a salir de aquí sin que nos vean. Tu cuerpo es tuyo, guárdalo contigo. No es de hombres honrados deshonrar el cuerpo de una mujer.

"¿Podré acaso algún día recompensarlos por este aire de esperanza que me han dado con sus palabras?", pensó emocionada la mujer.

–Y no te preocupes por el futuro –continuaron diciendo los muchachos–. Cuando llegue el día de la invasión, tú y tu familia estarán a salvo tal como has pedido.

–Pero, ¿cómo sabrán los hombres de tu pueblo que no deben quitarnos la vida?

–Usaremos aquel velo que tienes en la ventana. Ese lienzo escarlata nos servirá de señal. Asegúrate de dejarlo colgado allí para que podamos verlo. Entraremos a tu rescate antes de iniciar la destrucción de la ciudad, y te mantendremos a salvo a ti y a todos los que estén aquí contigo. Y si alguien, por ignorancia o por desobediencia, no acatara nuestra orden, entonces será nuestra sangre la que correrá por la tuya y la de tu familia, si así fuere necesario.

Esto escapaba los límites de la lógica. Sin embargo, la mujer creyó e hizo todo lo que los muchachos le indicaron. Con una cuerda los ayudó para que pudieran salir de su casa y descender por el muro con sigilo, y así lograron escapar de la ciudad y dirigirse hasta el monte que ella les había mencionado.

Luego de unos minutos, ella volvió a recostarse, sin poder creer todavía lo que acababa de suceder. Cerró sus ojos nuevamente, imaginándose esta vez una escena totalmente distinta a la vez anterior... Realmente no sabía si había estado soñando o si se trataba de una emboscada inteligente por parte de espías desconocidos. Pero ella sentía que lo que había sucedido era algo real. ¡No solo le habían confirmado su identidad de mujer y le habían afirmado su futuro como señora, sino que estos jóvenes le habían prometido, poniendo como garantía su propia sangre, que ella y su familia serían intocables en el día de la invasión por parte del ejército enemigo! Como hacía mucho tiempo no lograba, ese día pudo dormirse tranquila y feliz.

Días más tarde, el lienzo rojo bailaba en la ventana siguiendo el ritmo del viento. Ella presentía que el momento se acercaba. El ejército israelita venía marchando alrededor de la ciudad, una vez por día, desde hacía seis días. Seguramente pronto algo sucedería.

Hoy estaban marchando nuevamente, pero más veces que los días anteriores. De repente, se oyó un fuerte ruido de trompetas y de gritos de guerra, ¡y las murallas de la ciudad comenzaron a derrumbarse!

Se apresuró a reunir a toda su familia. Solo había un sitio seguro en ese momento, y era su habitación. Por primera vez, no existía ni vergüenza ni humillación por meter a sus padres y hermanos en el mismo espacio físico en el que tan solo unos pocos días atrás se habían tendido cuerpos de hombres desconocidos y llenos de vanagloria. Aquel velo, que normalmente indicaba que estaba "ocupada trabajando", vendiendo su cuerpo por dinero, hoy se convertía en el lienzo de la promesa que salvaría su vida y la de su familia. Antes era la mancha que la tildaba de prostituta; el día de la invasión fue la señal de que ella era la mujer que no podían tocar. Intocable, no solo por los hombres de su ciudad, sino por todo un pueblo desconocido. Eso que solía ser la marca de la indignación, hoy se convertía en la marca de la redención.

El ejército enemigo entró a la ciudad tal como estaba planeado, y comenzó con la sangrienta tarea de conquista. Los gritos de mujeres y niños se fundieron en una melodía del terror. Pero antes de destruir la ciudad, los jóvenes espías regresaron a la casa de quien los había ayudado:

–Paz a tu casa, le dijeron cuando golpearon a su puerta. –Vemos que el velo en tu ventana sigue intacto, al igual que nuestra promesa. Tú y tu familia pueden salir con tranquilidad y sumarse a nosotros.

La mujer suspiró y volvió a entrar con lágrimas en los ojos. Miró a sus padres y hermanos y exclamó:

–¡Estamos a salvo!

Entre llantos y abrazos como nunca había habido entre ellos, las lágrimas mezcladas con sonrisas expresaban un gozo y una tranquilidad que hacía tiempo no experimentaban. Ella salió apresurada de su habitación buscando a los espías que se habían adelantado en el camino. Incluso con los pies descalzos, las piedritas molestas no eran más que simples cosquilleos en las plantas de sus pies. No sabía siquiera sus nombres, por lo que no se animaba a gritarles a la distancia. Aceleró el paso, y cuando estuvo cerca, ellos la oyeron y se voltearon para ver quién era. Entonces ella se lanzó a sus pies en señal de agradecimiento.

–¿Cómo es posible que la Gracia haya llegado a la casa de una prostituta? ¿Por qué eligieron mi casa entre tantas otras, y por qué regresaron a salvarme? ¿Cómo puedo ser digna de semejante privilegio cuando toda mi ciudad ha sido juzgada y exterminada? ¿Es acaso el Dios de ustedes tan bueno?

–Son muchas preguntas para dos muchachos que acaban de perder casi todas sus fuerzas conquistando una ciudad –respondió uno de ellos–, y los tres sonrieron.

–¿Podrían responderme al menos una?, suplicó ella.

–Tú, mujer, has creído sin haber visto. Has confiado sin haber conocido, y has salvado a tus propios enemigos. Nosotros hemos recibido de ti la misma Gracia que tú estás recibiendo ahora.

–Ven y súmate a nosotros –agregó el otro muchacho–. Este pueblo será el tuyo, y nuestro Dios será tu Dios.

Fue así como los espías sacaron a la mujer y a su familia con todas sus pertenencias, y los llevaron a un lugar seguro.

Luego se incorporaron al pueblo de Israel. Fueron los únicos que se salvaron de toda una ciudad que quedó devastada. Y así, una simple tela roja marcó la historia de una vida que cambió para siempre. Lo que alguna vez había sido símbolo de vergüenza, una etiqueta de la indignidad, un susurro que decía: "Tu cuerpo es de todos", ahora se había convertido en la señal de la redención; era un símbolo de esperanza. Una etiqueta en blanco que indicaba que ya no era esclava de su pasado sino libre. Un susurro que le decía: "Tu historia empieza de nuevo hoy...".

Ellos, parte del pueblo de Dios liberado de Egipto. Ella, una prostituta. Ellos, hijos de la promesa. Ella, hija del juicio. Ellos, dos espías israelitas. Ella, Rajab, quien llegaría a ser tatarabuela del Rey David, padre del Rey más sabio de todos los tiempos: Salomón. Y no solo eso. Ella aparecería más tarde en la genealogía del Rey de reyes y Señor de señores, cuyo reino no tiene fin. Del Salvador y redentor del mundo: Jesús.

ESMERARNOS POR INTENTAR MERECER LA GRACIA DE DIOS SOLO SERÍA PERDER TIEMPO Y FUERZAS EN UN TRABAJO QUE YA HA SIDO CONSUMADO.

El relato de esta historia que encontramos en la Biblia a partir del capítulo 2 de Josué es la radiografía perfecta de la Gracia. Su alcance se confirma en Hebreos 11:31, donde leemos: "Por la fe, la prostituta Rajab no murió junto con los desobedientes, porque había recibido bien a los espías".

Se trata de una Gracia que no obtenemos mediante lo que hacemos. Mucho menos podemos llegar a merecerla. De nada nos sirve presumir de nuestro historial académico o profesional. Solo nuestra fe puede seguirle el ritmo a la Gracia de Dios, de otra forma es inalcanzable. Es como si yo tratara con todas mis fuerzas de correr una carrera de cien metros llanos teniendo en el carril de al lado a Usain Bolt, y esperara cruzar la línea de llegada al mismo tiempo que él. ¡Eso nunca pasaría! Mi capacidad no alcanza. Me resultaría imposible seguir su ritmo. La única forma que tendría yo de estar en el podio es si a Usain se le antojara llevarme a la premiación, subirme ahí y regalarme su medalla, sin haber hecho yo ningún esfuerzo por alcanzarla. De otro modo, si yo tuviera el atrevimiento de intentar correr a su lado, tendría que conformarme con mirar desde lejos a Usain cruzando la línea primero.

Es lo mismo que sucede con todos nosotros y la Gracia. No hay forma de que podamos alcanzar la Gracia de Dios con nuestros propios esfuerzos. Es un podio que está lejos, muy lejos de nuestras capacidades, pero al que sí podemos llegar por medio de la fe. Esmerarnos por intentar merecer la

Gracia de Dios solo sería perder tiempo y fuerzas en un trabajo que ya ha sido consumado. Esto hace que tenga aún menos sentido que nos esforcemos por merecer la Gracia. Es como si yo comprara unos hermosos zapatos negros, y al llegar a mi casa los sacara de la caja, los lustrara y luego, con un marcador negro, comenzara a pintarlos. ¡Sería absurdo! Quien fabricó los zapatos ya hizo todo el trabajo. Yo tan solo necesito sacarlos de la caja y ponérmelos. Todo lo que intentase hacer de más solo conseguiría arruinar los zapatos, así como a todo el trabajo que se hizo para fabricarlos. No intentes hacer nada más por conseguir "ser digno" del sacrificio que Jesús ya hizo por ti. Solamente lo arruinarías en el intento.

> *"Así que, ahora que Dios nos ha declarado justos por haber creído, disfrutamos de la paz con Dios gracias a lo que Jesucristo nuestro Señor hizo por nosotros. Por medio de él, y confiando en su promesa, participamos de ese amor que no merecemos, y en el cual nos mantenemos firmes. Incluso nos sentimos orgullosos de la esperanza de gozar de la gloria de Dios".*
> **Romanos 5:1-2**

Gracia. Sin costo para nadie y al alcance de todos. Gracia que no hace distinciones. Gracia que llega a reyes y a prostitutas por igual.

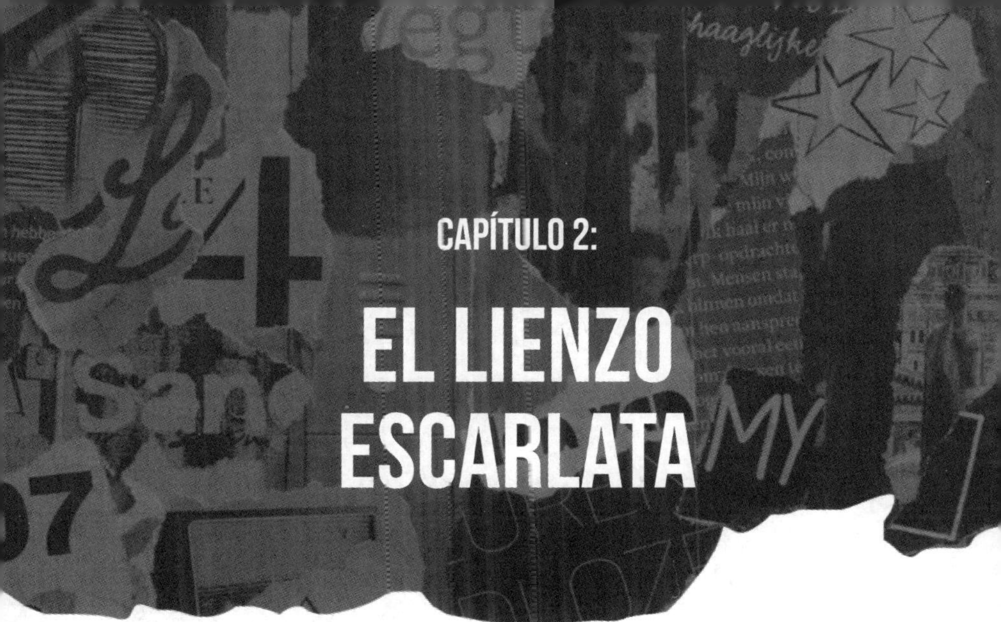

CAPÍTULO 2:

EL LIENZO ESCARLATA

Fue por su fe que Rajab no tuvo el mismo destino que los demás habitantes de su ciudad. Ella había creído en ese Dios que no era el Dios de su pueblo, aun antes de que los espías llegaran a su casa. Ella había oído sobre las hazañas que ese Dios había hecho con los suyos, y había tomado una determinación en su corazón: "Ese es el Dios en quien yo decido creer".

Estas fueron las palabras que Rajab pronunció cuando los espías israelitas, enviados por Josué, llegaron a Jericó y entraron en su casa para refugiarse:

> *"–Sé perfectamente que su Dios les va a entregar mi país, y todos temblamos de miedo, especialmente nuestros gobernantes. Nos aterrorizamos con sólo oír la palabra Israel. Hemos sabido lo que el Señor hizo por*

ustedes al cruzar el Mar Rojo cuando salieron de Egipto. También sabemos lo que ustedes hicieron a Sijón y a Og, los dos reyes amorreos que habitaban al otro lado del Jordán; sabemos cómo asolaron la tierra de ellos y destruyeron completamente sus pueblos. Esta noticia nos ha asustado. Nadie ha quedado con ánimo de pelear contra ustedes después de oír estas cosas, porque su Dios es el Dios supremo del cielo; no un dios ordinario. Ahora les ruego que me prometan por el sagrado nombre de su Dios que cuando Jericó sea conquistada respetarán mi vida y la de mi padre, mi madre, mis hermanos y hermanas y la de todas sus familias. ¡Por favor, sálvennos la vida!".

Josué 2:9–13

Ella no dudó. Tenía una certeza absoluta: "Sé perfectamente que su Dios les va a entregar mi país, y todos temblamos de miedo...". Incluso más adelante en el relato, vemos que ella estuvo dispuesta a poner en riesgo su vida al mentir para ocultar a los espías. ¿Cómo es que podía esta mujer tener tanta fe en un Dios que no era el de su pueblo? ¿Tanta fe como para arriesgar su vida por ello?

"Hemos sabido lo que el Señor hizo por ustedes al cruzar el Mar Rojo cuando salieron de Egipto...". Rajab tenía fe porque había escuchado lo que era capaz de hacer ese Dios. Sabía que era un Dios que podía abrir el Mar Rojo sin ningún esfuerzo. Y si ese Dios podía dividir un mar en dos para liberar a su pueblo de la esclavitud, ¿cómo no iba a ser capaz de cumplir una promesa?

Pero esta historia es cada vez más fascinante a medida que uno continúa recorriendo sus líneas: "También sabemos lo que ustedes hicieron a Sijón y a Og, los dos reyes amorreos que habitaban al otro lado del Jordán; sabemos cómo asolaron la tierra de ellos y destruyeron completamente sus pueblos. Esta noticia nos ha asustado. Nadie ha quedado con ánimo de pelear contra ustedes después de oír estas cosas, porque su Dios es el Dios supremo del cielo; no un dios ordinario". ¡Qué fantástico es leer estas palabras de Rajab! ¡Un Dios supremo del cielo, y no un dios ordinario! Rajab no solo estaba confesando que el Dios de los israelitas era el Dios verdadero, incluso para ella, que pertenecía a otro pueblo, sino que además les estaba diciendo a los espías que su pueblo conocía a ese Dios, que sabían de su poder, y que lo comentaban entre ellos como esas historias de hazañas que van pasando de generación en generación. Probablemente en el pueblo de Rajab los abuelos les relataban historias a sus nietos antes de dormirse... historias sobre un Dios, que no era el dios de ellos, pero que había logrado abrir mares y derrotar reyes... Tal vez incluso les contaban que algún día ese Dios le entregaría al pueblo que había liberado de Egipto esa tierra donde ahora ellos estaban viviendo. ¡Es comprensible que en este momento los habitantes de Jericó estuvieran tan asustados! ¡Sabían que ese día que temían finalmente había llegado! Yo imagino a los dos espías israelitas emocionados al escuchar esto de boca de alguien que ni siquiera era de su linaje. Alguien que, de hecho, era parte del pueblo enemigo.

Rajab estaba condenada a morir, pero su fe la salvó. No fue su linaje, no fue su pueblo, no fue ni siquiera su valentía al arriesgar su vida por salvar a esos dos espías. Fue su fe puesta en ese Dios poderoso y verdadero del que había oído, ese Dios capaz de dividir mares y derrotar ejércitos. Fue esa fe la que la salvó y la revistió con un manto nuevo de Gracia. Pura Gracia.

Mucho tiempo antes de la invasión, cuando Moisés había enviado doce espías a reconocer la tierra, para luego llevar un informe al pueblo (es decir, la misma tarea que les fue encomendada luego a los dos espías enviados por Josué) el reporte de aquellos espías había sido este:

> *"Llegamos a la tierra que ustedes nos enviaron a explorar, y encontramos que es una tierra excelente de la que*

> *realmente fluye leche y miel. Hemos traído estos frutos como muestra. Pero el pueblo que vive en ella es poderoso, sus ciudades están fortificadas y son grandes y, lo que es peor, hemos visto gigantes descendientes de Anac en aquellos lugares. Los amalecitas viven en el sur, mientras que en los montes hay heteos, jebuseos y amorreos. A lo largo de la costa del Mediterráneo y en el valle del Jordán están los cananeos. Sin embargo, Caleb animó al pueblo delante de Moisés: Subamos inmediatamente y tomemos posesión de la tierra —dijo— porque podemos conquistarla. No podremos luchar contra un pueblo tan poderoso —respondieron los otros espías".*
>
> **Números 13:27–31**

¡Vaya! Estamos hablando de un Dios que tenía poder sobre los cielos y sobre la tierra, y que aún hoy lo sigue teniendo. Sin embargo, de aquellos doce que fueron enviados por Moisés para reconocer la tierra prometida, solo dos vieron la promesa de Dios. Estos fueron Josué y Caleb. Los diez restantes dijeron que no se podía combatir a ese pueblo porque era más fuerte que ellos y más grande. Ahora bien, todos ellos eran hijos de príncipes... Conocían el peso de sus nombres y el poder que tenía el Dios que los había liberado de más de cuatro siglos de esclavitud de Egipto. Sin embargo, se guiaron por lo que se veía de manera superficial y sucumbieron ante la duda. La fe de estos diez dependía de lo que veían y de lo que dejaban de ver. No estaba cimentada en la promesa que Dios les había dado. ¡Un Dios que, además, nunca les había fallado! Pero evidentemente ellos no tenían una convicción real y genuina. Vieron personas más grandes y pensaron que la victoria sería segura para esos gigantes... ¡cuando en realidad, según el relato de Rajab, esos mismos gigantes eran los que temblaban de miedo porque sabían de lo que este Dios era capaz y conocían de su poder!

Qué paradoja, ¿verdad? Mientras ellos dudaban de lo que Dios les había prometido, ¡los gigantes les tenían miedo a causa de ese mismo Dios! Dicho de otro modo, ¡los enemigos tenían más confianza en el poder de Dios que su propio pueblo!

Diez de los primeros espías exploradores de la tierra prometida decidieron mirar lo que tenían frente a ellos con sus ojos naturales. Pero hubo dos que fueron diferentes: Josué y Caleb decidieron mirar con los ojos de la fe puestos en la promesa. Los mismos ojos de Rajab, que pudieron reconocer el poder de ese Dios que ni siquiera era el de su pueblo. Como dice 2 Corintios 5:7, "Esto lo sabemos por la fe, no por la vista". Una persona con una fe genuina se distingue porque es capaz de creer sin ver.

Siguiendo con la historia, estos dos espías enviados ahora por Josué hicieron un juramento con Rajab. El trato era ni más ni menos que un pacto de vida: si cuando entraban a conquistar la ciudad alguno de los israelitas mataba a Rajab o a algún miembro de su familia, esa muerte le costaría también la vida a estos dos espías. Pero, ¿cómo sabría el ejército de Israel a quienes no deberían matar? Un lienzo sería la señal. El mismo lienzo que utilizaron los dos espías para descender de la casa de Rajab y volver a su campamento. Ese mismo lienzo debería permanecer colgado como marca distintiva de que esa casa estaba bajo protección. Ahora la casa de Rajab era intocable.

UNA PERSONA CON UNA FE GENUINA SE DISTINGUE PORQUE ES CAPAZ DE CREER SIN VER.

"Antes de irse los hombres le dijeron: No podemos hacernos responsables de lo que ocurra si no dejas esta cuerda colgando en la ventana y si tus parientes, tu padre, tu madre, tus hermanos o cualquier otro no están dentro de la casa. Si salen a la calle, no respondemos por ellos; pero te prometemos que ninguno que esté dentro de la casa será muerto ni sufrirá daño alguno.

Pero si nos delatas, este juramento ya no nos obligará de ninguna manera. Acepto las condiciones —contestó ella, y dejó la cuerda escarlata colgando de la ventana cuando ellos se fueron".

Josué 2:17–21

Los israelitas sabían muy bien lo que representaba una marca de protección sobre un hogar. Ellos mismos, por instrucción de Dios, habían utilizado la sangre de un cordero para marcar sus puertas en Egipto, antes de aquella noche en la que pasó el ángel de la muerte a llevarse a todos los primogénitos. Así las familias israelitas habían permanecido a salvo. Por lo tanto, para ellos una marca como esa no podía pasar desapercibida ni ser desacreditada. Y ahora el mismo lienzo escarlata que ayudó a proteger la vida de los espías israelitas al salir de la ciudad, era el símbolo que convertiría en intocables a Rajab y a toda su familia.

"Entonces Josué les dijo a los espías: «Cumplan lo prometido. Vayan y rescaten a la prostituta y a todos los que están con ella». Los jóvenes la encontraron y la sacaron, juntamente con su padre, su madre, sus hermanos, posesiones y todos los parientes que estaban con ella, y los instalaron fuera del campamento de Israel.

> *Luego quemaron la ciudad y todo lo que había en ella, salvo lo que era de plata, oro, bronce y hierro, que fue guardado para entregarlo en la tesorería del Señor".*
> **Josué 6:22–24**

De alguna manera, el lienzo de Rajab estaba marcando su territorio, y era una declaración de fe. Una fe que, además, era visible. A partir de ese momento, esa dejó de ser la casa de la prostituta del pueblo. Ahora era la casa que nadie podía tocar. Era la señal de que en ese hogar se encontraba una mujer extranjera que confesaba que el Dios de Israel, el mismo que había abierto el mar, era un Dios real, ¡y que este era el Dios en quien ella creía! Ese lienzo que antes indicaba que la casa era de una prostituta se había convertido en la representación de su salvación. En un símbolo de la Gracia. Lo que alguna vez fue su estigma, su degradación como mujer, se había transformado en su redención.

Rajab no tuvo miedo de ponerse en contra de todo su pueblo reconociendo al Dios de los cielos y la tierra. Muy por el contrario, ella tuvo temor del Dios de los cielos y la tierra. Eligió un bando, y eligió bien. Y luego abrazó la Gracia cuando esta tocó a su puerta.

Ahora te invito a que pensemos por un momento... ¿Cuántas veces hemos actuado nosotros como esos primeros espías enviados por Moisés para traer un informe sobre la tierra prometida? ¿Cuántas veces miramos una promesa que el mismísimo Dios nos dio, y tuvimos la osadía de pensar que era imposible alcanzarla? ¿Cuántas veces menospreciamos la palabra del Dios vivo, y miramos hacia adelante con nuestros ojos humanos en lugar de mirar desde la perspectiva de la fe? Lamentablemente, lo único que logramos con todo esto es retrasar el cumplimiento de la promesa de Dios en nuestras vidas.

Por eso es importante resaltar el gran contraste que hay entre la fe de Rajab y la fe de muchos israelitas. Israel fue testigo de la grandeza del Dios a quien servían. Por su parte, Rajab no había visto todos los milagros que había hecho Dios con su pueblo. Ella simplemente había escuchado relatos sobre esas hazañas. ¡Y aun así tuvo mucha más fe en el Señor que algunos israelitas, incluidos príncipes! Por eso, tristemente, la mayoría de los que fueron liberados de Egipto no llegaron a pisar jamás la tierra prometida, por causa de su incredulidad y de su actitud ante Dios. De hecho, cuando Caleb intentó animar al pueblo a creer que sí podría conquistar la tierra según la promesa que Dios les había hecho, ellos no solamente declararon que no podrían luchar contra los gigantes de la tierra prometida, sino que se pusieron a llorar y a quejarse contra Moisés y contra Dios.

Hasta exclamaron: "¡ojalá hubiéramos muerto en la tierra de Egipto o acá en el desierto!". Su incredulidad había superado todos los niveles posibles. Estaban ofendiendo al Dios de los milagros, lo estaban insultando, olvidándose de todas las maravillas que Él había hecho entre ellos y por ellos. Realmente parece un relato de ficción, ¿verdad? No solo dejaron de creer en la promesa de un Dios que les había hecho atravesar un mar en seco, sino que además su rebeldía había crecido tanto que quisieron elegir a un nuevo líder para regresar a Egipto, en lugar de Moisés, el líder designado por Dios para guiarlos... ¿Leíste bien? ¡Ellos querían regresar a Egipto! ¡A la tierra de esclavitud! Mira para que veas que no te miento:

"Entonces el pueblo comenzó a llorar en alta voz y se pasaron la noche llorando. Elevaron sus voces como un gran coro de quejas en contra de Moisés y Aarón. «Preferiríamos haber muerto en Egipto —se quejaban— o aun aquí en el desierto, antes que entrar a ese país que tenemos ante nosotros. El Señor permitirá que nos maten allí y nuestras esposas e hijos serán esclavos. Regresemos a Egipto». La idea corrió por el campa-

> *mento: «Elijamos a un caudillo y regresemos a Egipto»"*
> **Números 14:7–9**

Al escuchar estas palabras del pueblo de Israel, Josué y Caleb (que fueron los únicos de entre los doce espías en regresar con un informe optimista sobre la tierra prometida, basándose en su fe y en su confianza en Dios) intentaron nuevamente animar al pueblo que había caído en un abismo de incredulidad y desesperación. Ellos le dijeron al pueblo:

> *"Tenemos un país maravilloso por delante y el Señor nos ama. Él hará que entremos sanos y salvos en la tierra y nos la entregará. Es una tierra muy fértil, una tierra de la que verdaderamente fluye leche y miel. No se rebelen contra el Señor y no teman al pueblo que habita en aquella tierra. Los venceremos fácilmente. El Señor está con nosotros y se ha apartado de ellos. No teman".*
> **Números 14:7–9**

Sin embargo, la reacción del pueblo fue increíble. El versículo que sigue nos dice que ¡"como respuesta, todo el pueblo se dispuso a apedrearlos"! ¡¿Te imaginas?!

Y tuvo que intervenir el mismísimo Dios para calmarlos... Pero como triste consecuencia, la incredulidad que ellos decidieron abrazar fue el motivo por el cual Dios no les permitió entrar a la tierra prometida (¿alguna vez te has puesto a pensar en que quizás no has llegado aún a la promesa que Dios te hizo por el simple hecho de que dejaste de creer en ella?).

El texto continúa con el Señor diciendo:

> *"Morirán todos en el desierto. Ninguno que tenga más de veinte años y se haya quejado contra mí entrará en la Tierra prometida. Sólo Caleb, hijo de Jefone, y Josué, hijo de Nun podrán entrar. Ustedes dijeron que sus hijos serían esclavos del pueblo de esa tierra. Pues no. Al contrario, los haré vivir tranquilos en la tierra y heredarán lo que ustedes han despreciado. En cuanto a ustedes, sus cadáveres quedarán en el desierto. Hasta que no muera el último de ustedes en el desierto, sus hijos vagarán por él como nómadas durante cuarenta años. De esta manera ustedes pagarán por su falta de fe".*
> **Números 14:29–33**

La promesa era para todos, pero no todos creyeron en ella. El rescate había sido completo. La liberación de la esclavitud, un éxito total. Ni un solo israelita había quedado cautivo en Egipto. También se sumaron otras personas que no eran del pueblo de Israel. A ellos también les alcanzó la Gracia. La promesa de la tierra prometida no tuvo condicionamientos ni restricciones. Lo único que necesitaban para llegar a ella era creer. Simplemente creer y confiar en Dios. Tristemente, no todos pudieron hacerlo.

Para poner un ejemplo actual, podríamos decir que hay condiciones en las que sí es más fácil creer, y otras en las que cuesta más hacerlo. Por ejemplo, si mi padre me dijera que a fin de año voy poder cumplir mi sueño de recorrer Europa, África y Oceanía, y que luego, al regresar de ese hermoso paseo, voy a disfrutar de un mes en las playas más lindas de California, y que además en la última escala voy a pasar por Brasil para disfrutar de una linda escapada por las playas del norte brasileño, antes de regresar mi país... yo le respondería que me resulta bastante difícil creer que voy a poder realizar semejante viaje. Empezaría a calcular el costo, y en seguida llegaría a la conclusión de que mi realidad no me permite semejante gasto. El costo de un viaje así sería un gran impedimento. Sería como el caso de los gigantes de esta historia. Pero la cosa cambiaría si él en seguida me dijera algo más: que no me preocupe, que el viaje ya está todo pago. Él no me mostraría los tickets. Solo me pediría que le crea, que confíe en él. ¿Pero por qué dudaría yo de mi padre si me asegura que ya está todo pagado? Sobre todo, si él tiene un historial de cumplir siempre sus promesas. ¿Por qué iría yo a desconfiar esta vez? Aquí el contexto favorecería el que yo pueda creer que me será posible realizar ese viaje.

¡Dios hizo exactamente lo mismo con su pueblo! Él preparó el contexto y el camino para que les resultara muy fácil creer. Él había hecho maravillas nunca antes vistas, y aún las seguía haciendo en medio de ellos. Cruzar el mar rojo en seco fue solo una de ellas. También los guio, los cuidó y los alimentó en el desierto. Su manifestación era constante. Su diálogo con ellos era permanente. Ellos no tenían motivos para no creerle, pero aun así dejaron de creer. Dejaron de confiar. Sus corazones se rebelaron, y desearon volver a la esclavitud.

Con nosotros Dios hizo y hace lo mismo. El camino a las promesas que nos da Dios está repleto de señales y de milagros. ¡Él no cambia! Es el mismo que le dijo a Abraham que tendría un hijo y que su descendencia sería incontable, y cumplió. Es el mismo que le prometió a Ana que, aunque era estéril, le concedería el deseo de su corazón y le daría un hijo, y cumplió. Es el que le dijo a Noé que vendría un diluvio pero que salvaría a su familia, y cumplió. Y es el mismo que hizo entrar a la tierra prometida a los que le creyeron. Un Dios que siempre cumple sus promesas.

Mira qué hermoso es el final de esta historia:

> *"De este modo el Señor le dio a Israel toda la tierra que le había prometido a sus antepasados, y ellos entraron y la conquistaron, y vivieron allí. Y el Señor les dio paz, como lo había prometido, y nadie pudo hacerles frente. El Señor les ayudó a destruir a todos sus enemigos. Cada cosa buena que les había prometido se cumplió".*
> **Josué 21:43–45**

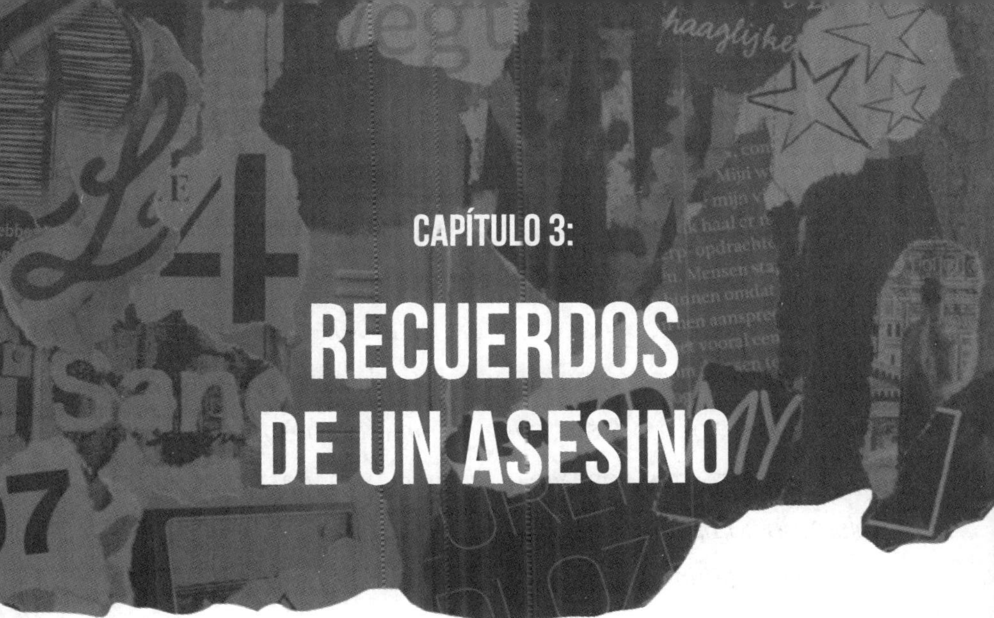

CAPÍTULO 3:

RECUERDOS DE UN ASESINO

Debo confesar que escribir esto es tan duro y difícil como si estuviera recibiendo pequeños puñales que atraviesan mi envejecido corazón. Sin embargo, luego de muchos años, finalmente me decidí a inmortalizar mis recuerdos en letras, escribiendo esta carta abierta a todo el mundo acerca del hombre que salvó mi vida.

No sé de dónde sacan algunas personas la idea de que los hombres no lloran. Yo no puedo parar las lágrimas que descienden por mis mejillas al recordar lo que fui. Son como un tornado. Es imposible contenerlas. Pero debo tranquilizarme y alinear mis ideas para poder describir lo vivido. Para poder contar fielmente a todos lo que ocurrió.

Hace exactamente quince años estuve en prisión. Cuando sucedió lo que les voy a relatar, yo tenía unos 20 años de edad y ya había pasado más de un año y medio en la celda. Solo quien estuvo privado de su libertad puede comprender a otro preso. De todos modos es difícil llegar a comprender del todo a una persona que cometió un crimen. A veces ni la persona misma lo comprende. Ninguna película puede reflejar cabalmente los sentimientos que se alojan detrás de la máscara de un criminal o de un asesino. Pero que no te sorprenda mi sensibilidad. Los que tuvimos la desgracia de tomar la decisión infernal de quitarle la vida a otro ser humano, también tenemos corazón. Aunque, por momentos, es un corazón desecho, quebrado y vilmente oscuro, que tiene una sed excesiva, descomunal e inconsciente de la perversidad. Mirando hacia atrás, me da asco pensar en mí mismo.

Mi historial era terrible. Robé durante la mayor parte de mi juventud. Fui el autor y la mente maestra de un secuestro. En determinado momento, formé parte de un grupo de rebeldes que estaban en contra el gobierno de turno. Con ellos participé en un golpe de Estado, que terminó en una batalla campal en la cual maté a un joven con mis propias manos. Yo era una bomba de tiempo que en cualquier momento acabaría con su propia vida. Fue luego de haber matado a ese joven en aquella riña que me detuvieron.

Perder la libertad es como vivir atado de pies y manos. Mi celda era lo más parecido al infierno aquí en la tierra. Había ratas del tamaño de conejos, que dejaban sus heces por todo lugar por donde andaban. El suelo rocoso jugaba el papel de colchón. El calor y la humedad se confabularon como aliados para darme los peores días de mi vida. No solo tenía que luchar para que aquellas ratas no se llevaran mi comida sino que incluso, cuando el hambre lo exigía, una de ellas se convertía en el plato principal. Tengo cicatrices de látigos en la espalda por las veces que, en mi desesperación, me descontrolé y le propiné mis derechazos al oficial que cuidaba mi celda. Tengo otras en una pierna, por las veces que me corté, autoflagelándome con una roca que tenía de amiga, pensando que, si aprendía a vivir soportando el dolor constantemente, entonces dejaría de sufrir. Por las noches escuchaba voces dentro de mi cabeza que me condenaban. En sueños me gritaban "¡Asesino, asesino!". Esas voces sentenciaban definitivamente mi vida a la miseria, y afligían mi alma con los gritos de aquellas personas a quienes les había hecho daño. Cada día al despertar, rayaba la pared para llevar la cuenta del tiempo que pasaba. Porque, sinceramente, no tenía noción alguna del tiempo que pasaba. Podría ser de noche o de día; para mí no existía diferencia alguna.

Hasta un día que fue diferente al resto. Un día en que llegó la utopía de la esperanza a mis oídos. Los guardias estaban charlando cerca de mi celda, y yo los oí. Era lo más absurdo que había escuchado en mi vida entera, y eso que yo mismo realicé cosas absurdas... pero esta era inhumanamente absurda. Ellos se debatían acerca de la costumbre que tenía el gobierno de soltar a uno de los presos en esa época del año, y se preguntaban cuál sería "el elegido". Yo no podía creer lo que estaba escuchando: el estúpido gobierno y sus estúpidas autoridades tenían la estúpida costumbre de liberar a un estúpido preso en época de Pascua. Eso era absolutamente ridículo... y a la vez era mi única esperanza de ser libre.

Por un momento, sin darme cuenta, esbocé una sonrisa mientras pensaba: "¿Y si... y si soy yo el elegido?". Ya ni recordaba lo que era mirar para arriba y ver el cielo. Al instante, un compañero de celda quebró mis ilusiones. Habiéndose percatado de lo que yo escuché, y de la tímida sonrisa que se dibujaba en mi rostro, en seguida me advirtió: "Ni lo sueñes. No tienes posibilidades. El gobierno solo libera a presos de crímenes menores, no a asesinos como tú". Él tenía razón. Era cierto. Incluso una costumbre tan estúpida tiene sus límites. Nadie en sus cabales pondría en libertad a un asesino.

Fue así como ese aire de esperanza que me envolvió al escuchar lo absurdo de aquella costumbre se desvaneció en un segundo. Y así fue que quedé nuevamente resignado a mi triste suerte y a la perpetuidad de mi condena. Claro que una decepción más, en una vida tan difícil como la que yo había tenido, no me hacía daño. Y había que admitirlo, realmente era demasiado bueno para ser cierto.

Yo no tenía ni idea de qué hora era, pero el cansancio, o quizá el desánimo, me habían agotado tanto que me fui directo a la cama ("la cama" era cualquier lugar de la celda donde hubiera un espacio para acostarme y sin ratas). No bien apoyé la cabeza, caí inmediatamente en un sueño profundo.

Calculo que habré dormido unas doce horas o más. Me desperté sobresaltado por un bullicio ensordecedor. Creí que seguía soñando, o que alucinaba, porque me parecía escuchar gritos con mi nombre. Mis compañeros de celda también lucían sorprendidos, casi en shock... Ellos solo atinaron a preguntarme si se trataba de otro intento de golpe. No supe qué responder. Y es que esa ni siquiera hubiera sido una opción para mí.

Unos segundos más tarde, irrumpió en la celda un soldado:

– ¡Levántate! –me dijo.

– ¡No tengo nada que ver con eso, lo juro! –traté de excusarme por las dudas, sin entender qué era lo que estaba pasando.

– ¡Eres libre!

– ¿¿Qué??

Evidentemente, esto se estaba volviendo una broma de mal gusto. Seguramente querían azotarme de nuevo, y este soldado se estaba burlando de mí.

– ¡Eres libre! –volvió a repetir sin titubear–. ¡Vamos, anda! ¡El pueblo te ha liberado!

¿Cómo podía ser posible que el pueblo al cual yo le había robado, y al cual le había quitado una joven vida, me estuviera liberando? ¡Eso no tenía lógica! Por otra parte, sinceramente, yo no estaba ni en posición ni con ganas de cuestionar la lógica. ¡Era libre!

Cuando salí, el bullicio se volvió aún más ensordecedor. La gente repetía mi nombre. ¡Lo coreaban, igual que si fuera un famoso reconocido por sus buenas obras! Algunos me abrazaban y me besaban; otros lloraban de emoción. ¡Era una locura total! Yo realmente no terminaba de entender lo que pasaba. Caminaba con los ojos semiabiertos, porque luego de tanto encierro apenas toleraban la luz del sol. Debían todavía acostumbrarse a la libertad.

Recuerdo que en determinado momento pegué un salto, y corrí lo suficiente como para apartarme de la multitud.

Empecé a gritar de alegría y, lo admito, hasta se me escaparon unas lágrimas. ¡Era libre! Al llevarme las manos hacia el rostro para secarme las lágrimas, escuché una voz que dijo: "Ahora eres libre. Haz que valga la pena el precio de tu libertad". Me descubrí los ojos y miré desesperadamente a mi alrededor, pero no vi a nadie. A unos treinta metros de distancia logré ver a un grupo de seis personas. Fui corriendo hasta donde estaban ellos y les pregunté:

– ¿Por qué me liberaron? ¡No lo entiendo!

– ¿Acaso no lo sabes? –respondieron ellos.

– Definitivamente, estoy seguro de que no entiendo lo que pasa...

– Te liberaron a ti para condenar a otro hombre.

– ¿Cómo? Según yo tenía entendido, esa no era la costumbre. La costumbre consistía en liberar a un preso, no en condenar a otro. Además, ¿quién podría ser peor que yo?

– Nosotros tampoco sabemos el porqué. Tan solo mirábamos desde aquí, y vimos cómo el pueblo pedía que te liberaran a ti y que condenaran a la crucifixión a un tal Jesús.

- ¿Jesús? –. Yo estaba cada vez más desorientado.

– Sí, ese que hacia milagros y decía ser el rey de los judíos.

– ¿Quieren decir que me liberaron a mí para condenar a un inocente?

– Exactamente. Eso es lo que acaba de pasar.

Entonces lo supe. La voz que había escuchado era la voz del mismísimo Jesús, diciéndome que viviera de tal manera que valiera la pena morir en la cruz por mi libertad. Nadie daría un centavo por un asesino. Sin embargo, Él dio su vida entera.

Aún puedo recordar cómo eran mis días en esa celda infernal, donde mis manos y pies se sentían atados por la falta de libertad... hasta que fueron desatados por aquel hombre, quien pagó mi condena atando sus manos y sus pies a una cruz.

La tinta de la pluma con la que estoy escribiendo hoy mi historia bien podría ser la sangre de ese hombre que salvó mi vida. Ese hombre que tomó mi lugar y me hizo libre. Yo fui libre, y soy libre, gracias a Él.

Espero que mi historia sirva para traer esperanza a otros.

Sinceramente,
Barrabás

¿Puedes imaginarte esa escena? Una persona que había participado en una turba, y hasta había llegado a matar a alguien, ahora estaba siendo liberada por un grupo de personas que pedían la condena de otro hombre, un inocente, que había dado vista a ciegos, había sanado enfermos, había hecho caminar a paralíticos y había resucitado muertos. A ese hombre lo mandaron a la cruz, a ocupar un lugar que tendría que haber ocupado un asesino. ¡No tiene mucha lógica, pero eso fue lo que sucedió!

NADIE DARÍA UN CENTAVO POR UN ASESINO. SIN EMBARGO, JESÚS DIO SU VIDA ENTERA.

Ahora acompáñame verificar el relato bíblico de lo que ocurrió con Barrabás. Por empezar, en Marcos encontramos la costumbre de liberar a un preso durante la fiesta de Pascua:

> *"Pilato tenía la costumbre de soltar a un preso durante la fiesta, el que la gente pidiera. Un hombre llamado Barrabás estaba preso junto con otros rebeldes por haber cometido un asesinato en una revuelta".*
>
> **Marcos 15:6-7**

En Lucas podemos ver el antecedente. Barrabás había participado de una turba y había matado a una persona:

"Barrabás estaba preso por una rebelión ocurrida en la ciudad y por haber matado a alguien".
Lucas 23:19

Y ahora, este relato que encontramos en Mateo es fascinante porque nos sumerge en todo el contexto. Necesito que prestes atención detenidamente a los siguientes versículos:

"Precisamente durante la celebración de la Pascua, el gobernador tenía por costumbre soltar al preso que el pueblo quisiera. Aquel año tenían en la cárcel a un famoso delincuente llamado Barrabás. Cuando el gentío se congregó ante la casa de Pilato aquella mañana, le preguntó:¿A quién quieren ustedes que suelte?, ¿a Barrabás o a Jesús el Mesías?
Sabía muy bien que los dirigentes judíos habían arrestado a Jesús porque estaban celosos de la popularidad que había alcanzado en el pueblo.
Mientras Pilato presidía el tribunal, le llegó el siguiente mensaje de su esposa: «No te metas con ese hombre, porque anoche tuve una horrible pesadilla por culpa suya».
Pero los principales sacerdotes y ancianos, que no perdían tiempo, persuadieron al gentío para que pidiera

que soltaran a Barrabás y mataran a Jesús. Cuando el gobernador volvió a preguntar a cuál de los dos querían ellos que soltara, gritaron:

¡A Barrabás!

¿Y qué hago con Jesús el Mesías?

¡Crucifícalo!

¿Por qué? —exclamó Pilato asombrado—. ¿Qué delito ha cometido?

Pero la multitud, enardecida, no cesaba de gritar:

¡Crucifícalo!, ¡crucifícalo!

Cuando Pilato se dio cuenta de que no estaba logrando nada y que estaba a punto de formarse un disturbio, pidió que le trajeran una palangana de agua y se lavó las manos en presencia de la multitud. Y dijo:

Soy inocente de la sangre de este hombre.

¡Allá ustedes!

Y la turba le respondió:

¡Que su sangre caiga sobre nosotros y sobre nuestros hijos!

Pilato soltó a Barrabás. Pero a Jesús lo azotó y lo entregó a los soldados romanos para que lo crucificaran".

Mateo 27:15–26

Barrabás era un famoso delincuente. O sea, literalmente lo conocía todo el mundo porque estaba encarcelado justamente. ¡Él había matado a alguien! Había enlutado a una familia, y además era un riesgo para el poder político del momento. A Jesús, en cambio, lo tenían encarcelado por celos. Pero no creas que Barrabás fue el único hecho libre gracias a Jesús. Hay mucho de nuestra propia historia en estas líneas. De inicio a fin, la historia de Barrabás es una historia que nos habla de esa Gracia que llegó sin condiciones, y que derriba toda lógica y toda "justicia" humana.

De modo que esta no es solamente la historia de Barrabás. Es tu historia y la mía. Hombres y mujeres con pasados difíciles, pecadores indignos, alcanzados por su Gracia...

No había otra fórmula que funcionara: el inocente debía dar su vida para que el precio por los pecados fuera pagado. Ni aunque sumáramos la totalidad de las bondades del mundo entero alcanzaríamos el mínimo necesario de justicia como para salvar nuestras propias vidas. Los números no cierran. Las matemáticas indican que el precio que debía pagarse era mucho más alto. Se necesitaba la vida de una persona sin culpa, ni mancha, ni pecado, para que la redención fuera completa y absoluta.

Esto me recuerda una vez en que obtuve un trabajo por cuatro meses. Era el tiempo que requería ese trabajo. Fue un compromiso agotador, y tuve que poner el 100% de mi concentración durante esos ciento veinte días. Fueron largos días de mucho esfuerzo, y noches de poco descanso. Estos cuatro meses eran los últimos cuatro meses del año. Al llegar al fin de diciembre y culminar el objetivo, tuvimos una reunión final con todo el equipo. En el balance de los objetivos, todos coincidimos en que habíamos logrado hacer más de lo que habíamos proyectado al principio, y la satisfacción era completa. Al terminar el encuentro, el jefe dio unas palabras finales... y aún las recuerdo como si fuera ayer: "No quiero que termine esta semana sin que se le pague el salario completo a cada uno de ustedes". Al principio, honestamente, no entendí a qué se refería. Sin embargo al día siguiente, cuando me tocó ir a cobrar el salario por los cuatro meses, el administrador me dijo: "¡Gracias Ricky! ¡Fue un gran trabajo!", y entonces al contar mi salario descubrí que me estaban pagando como si hubiera hecho ese trabajo todo el año, ¡durante doce meses! Inmediatamente recordé las palabras del jefe: "Salario completo". ¡Recién en ese momento entendí a qué se refería! Pero aun así, las matemáticas no cerraban... El cálculo era insuficiente. Si yo anotaba en un cuaderno mis horas de trabajo y lo que representaba ese salario, ¡me faltaban muchos meses de trabajo para que fuera "justo"! Aun así, para mí y para el resto del equipo, el salario recibido fue como el de un año entero. Nada de lo que yo hubiera hecho me alcanzaba para estar a cuentas. Simplemente el pago era más de lo acordado. El trabajo demandó mucho de mi tiempo, y mi esfuerzo fue grande, pero aun así, todo eso sumado era insuficiente para completar lo que estaba recibiendo. Fue pura gracia.

¿Te suena parecido a algo de lo que leímos en la historia de Barrabás? Así es. Jesús tomó el lugar de Barrabás porque no había otro que pudiera completar ese pago, ese saldo que faltaba. Y lo mismo ocurre con cada uno de nosotros. No hay tiempo que nos alcance en esta vida, ni acciones que pudiéramos hacer, por más grandes, justas y bondadosas que fueran, para alcanzar a pagar el precio que pagó Jesús por nosotros en esa cruz. Simplemente, no hay forma.

Lo curioso es que hoy nosotros seguimos teniendo la posibilidad de elegir entre Jesús y Barrabas. En aquel tiempo, la decisión de la gente fue elegir a Barrabás y condenar a Jesús. Hoy en día, elegir a Jesús implica creer que Él murió para otorgarnos completa libertad. Por el contrario, elegir a Barrabás implica seguir viviendo sin creer en que Jesús dio su vida por nosotros, convirtiendo entonces su sacrificio en la nada misma.

Y si tú has elegido, como yo, creer en Jesús y aceptar el regalo inmerecido de su Gracia, entendiendo que en la cruz Él dio su vida para pagar una deuda que nosotros jamás hubiéramos podido pagar, entonces ten siempre presentes las palabras que escuchó Barrabás: “Ahora eres libre. Haz que valga la pena el precio de tu libertad”.

CAPÍTULO 4:

LA BOTELLA DE VIDRIO ROTA

Era un domingo normal, como cualquier otro domingo en familia. Papá tenía antojo de ir a uno de sus locales gastronómicos favoritos en el centro de la ciudad para comer las pastas que tanto le gustan. No fue necesaria ninguna votación; la elección ya estaba hecha. Ese sería el lugar del almuerzo familiar.

Subimos todos al automóvil y emprendimos el rumbo hacia el delicioso ritual. Camino habitual, sin muchas vueltas, y con el mismo paisaje de siempre. Llegamos. Quedaban ya pocas mesas disponibles pero ese no fue inconveniente alguno. Un amable mozo nos guio hasta donde nos sentaríamos para proceder a ser gastronómicamente felices. Cada uno hizo su orden sin muchas sorpresas en las elecciones: papá, con su obligatorio plato de ravioles de carne con salsa boloñesa, mamá se inclinó a favor de unos fettuccini al pesto, mi hermano mayor prefirió unos ñoquis con salsa rosa, mi hermana con su habitual elección de una lasagna clásica y yo me sentí tentado, como siempre, por los ravioles de pollo con salsa blanca. Listo. Solo quedaba esperar.

Llegaron los platos y las bebidas. Toda la sala, llena de gente que compartía su propia felicidad en familia o en pareja junto a nosotros, parecía una de esas pinturas en las que se inmortaliza un momento especial. Si uno se pone a pensar, ¡son coincidencias absolutamente fascinantes! Docenas de historias de vida completamente distintas, todas reunidas en una misma sala. Y como si todos estuviésemos envueltos por una misma melodía, aunque cada uno en lo suyo, procedimos a disfrutar del delicioso menú que teníamos sobre la mesa.

Entre la comida y la sobremesa, estuvimos allí un par de horas, y luego nos dispusimos a salir del local, todos muy satisfechos. En fila y ordenadamente, fuimos abandonando la mesa... hasta que el "¡crack!" del vidrio, al conocer la dureza del piso, generó un pequeño estruendo que evidenció el infortunio y lo convirtió en el foco de atención de todos los presentes. "¡No podía faltar!", me dije a mí mismo sin que nadie lo escuchara, pero demostrándolo inevitablemente en mis expresiones faciales. Sin querer, había empujado una de las botellas que había en la mesa.

Intenté recoger uno a uno los pedazos restantes de lo que alguna vez había sido una botella de bebida gaseosa. Esa desafortunada botella de vidrio que se había chocado con mi codo cuando yo me levantaba de la silla, dispuesto a abandonar el lugar. No solamente fue peligroso el intento por recuperar cada uno de los trozos y trocitos que quedaron esparcidos por el piso, sino que además fue en vano, puesto que jamás se podría reconstruir aquella botella uniendo los fragmentos de vidrio.

Hay cosas que se rompen y no tienen forma alguna de volver a ser lo que eran antes. Quedan pedazos independientes, como un puñado de vidrios distribuidos por el suelo, que ya no pueden unirse para devolvernos la integridad del objeto original. La única manera de volver a tener una botella a partir de un conjunto de vidrios rotos es reciclándolos. Convirtiéndolos en un objeto nuevo, hecho a partir del que fue roto. Es importante entender esta verdad, porque en esa botella de vidrio rota se refleja nuestra condición ante Dios. Sí, la tuya y la mía. Todos somos personas rotas, por dentro y por fuera, desde que nacemos. Y la única manera de dejar de ser personas rotas es reciclándonos en sus manos... Solo así podremos volver a ser el producto original que una vez fuimos en Sus planes. Planes que ya estaban diseñados desde antes que naciéramos...

> *"Yo había determinado tu futuro desde que te estabas formado en el vientre de tu madre; antes que nacieras te escogí y te consagré como vocero mío ante el mundo".*
> **Jeremías 1:5**

Ahora bien, es importante entender que no se trata de simplemente buscar "reciclarnos" a nosotros mismos, sino de acudir al Artista que mejor sabe hacerlo. Dios no necesita mezclar materiales nuevos para darte una vida nueva. Él solo necesita que le entregues todos los pedazos de tu vida rota para hacer con ellos lo que mejor sabe. Redimir.

Esta es una hermosa noticia que, paradójicamente, nos enfrenta con un caótico problema: nosotros mismos.

TODOS SOMOS PERSONAS ROTAS, Y LA ÚNICA MANERA DE DEJAR DE SERLO ES RECICLÁNDONOS EN SUS MANOS...

Pongámoslo de esta manera: imagina que tu automóvil entra al taller, y luego de un rato de espera te entregan una lista detallada de todos los repuestos que necesitas comprar para que pueda volver a funcionar con normalidad. La lista incluye conseguir un motor nuevo, cambiar el aceite y reemplazar también las pastillas de freno que ya se gastaron y necesitan de sus respectivos repuestos. Tú entonces tomas la lista, haces una mueca como de: "¡Bueno, esto lo soluciono rápido!", y luego, en vez de ir a buscar los elementos que indica la lista, crees que dará lo mismo poner tu impresora como motor del auto, agregarle agua en vez de aceite y reemplazar las pastillas de freno con plastilina. "¡Listo, debería funcionar!", asumes.

Por supuesto, el automóvil no te llevará ni a la esquina. Ni arrancará siquiera. Esos no son los materiales que necesita, ni los repuestos que estaban en la lista. Tú "arreglaste" el automóvil con lo que te pareció mejor, o con lo que creíste que sería más fácil o más barato, ¡y terminaste arruinándolo!

Claro que nadie es tan tonto como para hacer exactamente eso... ¿o sí? Bueno, yo no quisiera herir susceptibilidades, ¡pero es que así actuamos en muchas ocasiones! Quizás cuidamos más a nuestros automóviles que a nosotros mismos, porque siendo sinceros, si trasladáramos ese mismo ejemplo a nuestras vidas, encontraríamos que no está tan alejado de nuestras realidades. Lo que hacemos con nuestros vacíos emocionales y físicos, con nuestras dudas, incertidumbres, ansiedades y preocupaciones es, muchas veces, exactamente eso. Cambiamos lo que tenemos escrito en nuestro "manual de instrucciones" (que es la Biblia) por lo que simplemente creemos que será mejor para nosotros, o por aquello que nos parece lo más fácil. Y luego, cuando nos estrellamos, miramos al cielo como sorprendidos y preguntamos: "¿Por qué me pasó esto?". ¡Pues pasó porque hicimos caso omiso a las recomendaciones de quien nos creó! Teníamos la lista de cosas que necesitamos, escrita por personas inspiradas por nuestro Creador, pero decidimos ignorarla, hacerla un bollo y tirarla a la basura. Optamos por hacer "lo que nuestro corazón nos indica", cuando ni siquiera somos capaces de entender lo que nuestro corazón siente.

Qué triste y qué necio de parte nuestra, ¿verdad? Sin embargo, ¡hay una muy buena noticia!

> *"Luego David se dirigió a Salomón y le dijo: «Salomón, hijo mío, dedícate a conocer al Dios de tus padres; adóralo y sírvele con un corazón limpio y una correcta disposición, porque el Señor ve todo corazón, y entiende y conoce todo pensamiento. Si tú lo buscas, lo encontrarás; pero si tú lo abandonas, él te desechará por completo".*
> **1 Crónicas 28:9**

> *"Sométeme a examen, Señor, y compruébalo; prueba también mis razones y sentimientos".*
> **Salmos 26:2**

¿Quién mejor para entender mi vida que el mismo que la formó? ¿Quién mejor para saber cómo me siento y qué me pasa que el que escudriña todos los corazones y conoce todos los pensamientos? ¿Quién mejor para guiarme que quien ideo el master plan de mi salvación?

El problema es que no nos acercamos lo suficiente a Él... Y cuando lo hacemos, creemos que es como ir a un local de comidas rápidas a pedir un combo desde el automóvil, esperando obtener nuestro pedido en cinco minutos. Así, hemos dejado que las distracciones diarias nos aparten de lo esencial: su presencia.

> *"Me mostrarás la senda de la vida; en tu presencia hay plenitud de gozo; delicias a tu diestra para siempre".*
> **Salmos 16:11 (RVR1960)**

David no está hablando aquí de un gozo parcial, ni momentáneo. Está hablando de que en su presencia hay plenitud de gozo. Esto es, un regocijo completo, al 100%. No es algo que recibimos de a poco, en cuotas, ni tampoco tenemos que hacer nosotros ningún trabajo para completarlo. No. Es un gozo que no tiene condicionamientos ni depende de nada que podamos hacer. Su presencia es absoluta y enteramente suficiente para que en Él tengamos gozo.

Siempre me llamó la atención cómo David fue considerado "un hombre conforme al corazón de Dios". Uno esperaría que una persona con semejante título se asemejara a la perfección, o fuera algún tipo de divinidad aquí en la tierra. Sin embargo, cuando leemos sobre David, nos encontramos con un hombre que muchas veces fue impulsivo. Hasta se dejó llevar por sus deseos sexuales, al punto de llegar a planificar y ejecutar a la perfección un plan para matar a uno de sus mejores soldados y quedarse con su esposa. En pocas palabras, David terminó siendo un asesino. En el marco del derecho penal actual, podríamos decir que David fue el autor intelectual del asesinato de Urías. ¡Pero este es el mismo David del cual leemos que fue ni más ni menos que "un hombre conforme al corazón de Dios"!

Luego de mucho tiempo de preguntarme cómo podía ser esto, al final fue leyendo detenidamente los Salmos como pude percibir a qué se refería esta calificación. Más allá de todos sus errores, sus defectos y sus pecados, David, una y otra vez, volvía a los pies de la Gracia. Recurría a ella sinceramente arrepentido cuando las cosas salían mal. Y cuando las cosas salían bien, ¡glorificaba a Dios con todas sus energías! Fue así como llegué a la revelación de que ser "un hombre conforme al corazón de Dios" no se asimila en lo más mínimo a la perfección, sino que implica tener la humildad suficiente como para reconocer nuestra propia debilidad. Nuestra entera y absoluta imperfección. Para esto es importante que la brújula de nuestro corazón nunca se descomponga, y pueda siempre guiarnos a los pies de Cristo, incluso después de haber pecado... ¡porque es en ese momento cuando más necesitamos de su gracia y su perdón!

Eso es exactamente lo que tenía David. Él fue un hombre que siempre supo reconocer la grandeza de Dios, y siempre estuvo dispuesto a rendirse ante su presencia, en las malas y en las buenas.

En las malas, cuando David pecaba, él no tardaba en reconocerlo, humillarse y arrepentirse. "Pequé contra Jehová", dijo David cuando el profeta Natán fue a reprenderlo por haber matado a Urías, enviándolo a la primera línea de la batalla para quedarse con su esposa. ¡David imploraba a Dios su perdón, y que le devolviese el gozo que había perdido! De hecho, vemos que el salmo 51 es un salmo de arrepentimiento, en el que David le pide desesperadamente a Dios que lo purifique y lo limpie.

¡En las buenas, David danzaba ante Dios celebrando su nombre y su gloria, sin importarle que lo tratasen de loco!

"Cuando la procesión entró en la Ciudad de David, Mical, hija de Saúl, se asomó a la ventana; y al ver al rey David saltando y danzando delante del Señor, se enojó mucho con él y lo despreció.
El cofre fue colocado dentro de una carpa que David había preparado para ponerlo allí. Luego, David ofreció holocaustos y sacrificios de paz al Señor. Después de esto, David bendijo al pueblo en el nombre del Señor Todopoderoso y a cada uno de los que estaban allí reunidos, tanto a hombres como a mujeres, les dio un pan, una torta de dátiles y otra de uvas pasas. Al finalizar la celebración, cada uno regresó a su propia casa.
David también regresó a su casa para bendecir a su familia. Pero Mical salió a su encuentro y le dijo con intenso disgusto:
¡Hoy no te has comportado como un rey! ¡Hiciste el ridículo delante de todos! ¡Te descubriste delante de las criadas como un cualquiera!
David le respondió:
Yo estaba danzando delante del Señor, quien me prefirió a tu padre y a toda tu familia, y me señaló como jefe

> *de su pueblo Israel. ¡Estoy más que dispuesto a actuar como un necio a fin de mostrar mi gozo delante del Señor!".*
> **2 Samuel 6:16–21**

David defendió el nombre de Dios siempre, y fue capaz de ver con los ojos de la fe por encima de toda circunstancia. Por eso es que pudo ser valiente cuando los demás se acobardaron ante Goliat.

Finalmente, David tuvo la honra de que en el libro de Reyes su reinado fuera descripto de la siguiente manera:

> *"Porque David había hecho lo recto ante los ojos del Señor, y no se había apartado de nada de lo que Él le había ordenado durante todos los días de su vida, excepto en el caso de Urías el hitita".*
> **1 Reyes 15:5 (NBLA)**

Sin duda alguna, David sufrió por sus pecados. El hijo que había tenido con Betsabé cuando todavía era esposa de Urías, murió a los siete días de haber nacido. Pero sin embargo, David siempre supo encontrar el camino de regreso a los pies de la Gracia. Eso hizo que Dios lo viera como una persona "conforme a su corazón". No por haber sido perfecto, sino porque en el momento de su mayor pecado era capaz de reconocerlo, aceptar las consecuencias y volver al único camino en el que encontraría la redención.

¿Cómo es tu caso? ¿Cuántas veces volviste, después de haber pecado, al único camino donde se encuentra redención? ¿Cuántas otras intentaste tapar tus errores o pecados ante Dios con acciones, en lugar de simplemente arrepentirte y reconocer que no puedes hacer nada para cubrirlos? ¿Puedes contar las veces que elegiste descansar en su Gracia usando los dedos de una mano o fueron más las veces? David fue un ejemplo, no de hombre perfecto, sino de hombre pecador que sabe encontrar el camino de regreso a la Gracia.

Recuerdo la primera vez que viajé a los Estados Unidos. Como era mi primera vez allí, no estaba acostumbrado a muchas de las normas locales, así que me sentía un poco perdido en ocasiones. Además, honestamente, soy un poco despistado. Algunos tal vez dirían que soy bastante despistado, pero yo creo que podemos llegar a un acuerdo y decir, más positivamente, que sigo esforzándome por concentrarme, aun cuando me cueste un poco.

Yo había llegado a la ciudad de Miami, donde una familia me acogería por unas semanas, y decidí alquilar un automóvil para poder moverme de un lugar a otro sin molestar a esa familia con mis traslados. Como todo lo que hacía allí era nuevo para mí, cada experiencia era una aventura y la disfrutaba al máximo... tanto que descuidé sin querer ciertas normas. Al llegar a la zona de Miami Beach, no pude resistirlo. Estacioné el automóvil y me dirigí inmediatamente hacia la playa. Nada podría arruinar ese momento que estaba viviendo. Realmente estaba cumpliendo un sueño. ¡Era mi primer día conociendo las playas de Miami!

Luego de una linda jornada de playa por la tarde, y de haber cenado por la noche en uno de los bares de la zona, regresé hasta el lugar donde había estacionado el vehículo. Para mi sorpresa, ¡el automóvil ya no estaba allí!

"¡No puede ser, no puede ser!", grité para mis adentros. No parecía una zona insegura en la que pudieran robarme el automóvil. Así que eso no podría haber ocurrido. Pensé que probablemente me había confundido de calle, por lo que decidí dar una vuelta por la zona por si lo había estacionado en otro lugar que no recordaba bien. Nada. ¡Realmente estaba en problemas! En ese momento mi mente empezó a calcular cuántos días de trabajo lavando platos en Miami serían necesarios para juntar el dinero y pagar por el automóvil que se me había perdido. ¡¿Pero cómo le explicaría a la empresa que me alquiló el vehículo que ese primer día ya había desaparecido de mi radar?! ¡Realmente no sabía dónde estaba!

De repente escuché una voz que a cierta distancia me preguntaba: "¿Estás buscando el automóvil que estaba estacionado aquí?"

"¿Dios, me estás hablando?", pensé. Entonces me di vuelta y vi a una mujer en la puerta de su casa señalando el lugar donde yo había dejado el auto. Ella me volvió a preguntar: "Estás buscando el auto que estaba aquí, ¿verdad?" Su pregunta le inyectó a mi alma un aire de esperanza. "¡Sí, sí, ese mismo! Lo había dejado estacionado aquí. ¿Sabes dónde está?", le pregunté. La señora me sonrió amablemente, y me explicó que una grúa se lo había llevado porque yo había estacionado en una zona residencial, donde estaba prohibido hacerlo. Luego me señaló el cartel. Al verlo, solo pude soltar una sonrisa de vergüenza. A continuación, la señora me indicó a dónde tenía que ir a buscar el automóvil, asegurándome que lo encontraría allí.

Efectivamente, así fue. Estaba en el lugar al que llevan todos los vehículos que encuentran mal estacionados. Por un lado, poder recuperarlo fue un alivio total. Por el otro, al entrar al lugar sentí que mi cuerpo era invadido completamente por la vergüenza. Además de reconocer que había estacionado en un lugar prohibido, tuve que pagar la multa y luego sobrevivir el resto de los días con el dinero que me sobró. Realmente no estaba en mis planes el ser multado en mi primer día en Miami.

Para no preocuparlos (y tal vez un poco por vergüenza o para que no me creyeran irresponsable) no quise contarles lo sucedido a mis padres. Decidí lidiar con las consecuencias de mi error yo solo, aunque significara arreglármelas con mucho menos dinero del que pensé que tendría disponible para el viaje.

Más tarde, cuando regresé a mi país y a mi casa, les conté la historia como una anécdota. Mi padre en seguida me cuestionó: "¿Por qué no me lo contaste apenas sucedió? ¡Te habría enviado más dinero!". "Es que no quise preocuparlos", dije con algo de culpa. "Al contrario, ¡yo soy tu padre! ¡Soy tu único padre!", me respondió. Yo entendí lo que me estaba diciendo. Sin importar lo que yo pudiera hacer, o los errores que yo pudiera cometer, él era mi único padre. Yo no tenía por qué lidiar con las situaciones o los problemas solo. Tenía a alguien a quien siempre recurrir. Eso me hizo pensar: si mi padre terrenal actúa así conmigo, ¡cuánto más lo hará mi Padre celestial!

"Por eso yo les digo: Pidan, y se les dará; busquen, y encontrarán; llamen, y se les abrirá. Porque todo el que pide, recibe; el que busca, encuentra; y al que llama, se le abre.
¿Alguno de ustedes que sea padre, si su hijo le pide un pescado, le dará una serpiente? ¿O si le pide un huevo, le dará un escorpión? Pues si ustedes, que son malos, saben darles cosas buenas a sus hijos, con mayor razón el Padre celestial dará el Espíritu Santo a quienes se lo pidan".
Lucas 11:9–13

No sé cuáles son las situaciones que estés atravesando en este momento. Lo que sí sé es que no necesitas lidiar con eso tú solo. Tienes un Padre en el cielo con quien puedes contar siempre, para lo que sea, y en el lugar que sea. No importa si no viste la señal de "Prohibido estacionar", o si por distraído te equivocaste y ahora estás buscando desesperadamente lo que perdiste. Recurre a Él, y Él te responderá. O tal vez estás luchando con alguna tentación y has vuelto a ceder. No sigas intentándolo con tus propias fuerzas. Recurre a Él. Regresa al camino de la Gracia. Incluso si ya te has apartado tanto de ese abrazo cálido que ofrece el Padre, y sientes que estás en un periodo de frío en donde nada te mueve ni te emociona,

¡todavía hay tiempo de encontrar el cartel de retorno en la carretera! Recurre a Él. Permítele completar la obra en tu vida. Deja en sus manos todos tus pedazos rotos. Él es experto en reciclar. ¡De hecho, es el único que puede hacerlo a la perfección! No hay otro.

Ya intentaste demasiado con tus propias fuerzas. ¿No te parece que es tiempo de cambiar de plan?

Recuerda que Él te sigue esperando con los brazos abiertos para hacer lo que mejor sabe. Redimir.

CAPÍTULO 5:

LOS MUERTOS NO SON CHANTAJEABLES

Los viajes largos tienen sus pequeños oasis dentro de ese desierto con el cual se compara un trayecto de muchas horas andando por la ruta. Uno, por ejemplo, es leer un libro. Hace unos años tuve la experiencia de pasar quince horas en un bus haciendo un recorrido de larga distancia, cruzando de un estado a otro mientras viajaba con mi equipo de fútbol universitario, en plena temporada de competencia. Fue el tiempo necesario para comenzar y terminar de leer *Pedro y el Capitán*, de Mario Benedetti.

Este libro está lleno de atrapantes diálogos entre un torturador y su torturado. La insistencia del Capitán por sacarle información a Pedro, y la inquebrantable voluntad de este último, hacen del relato una historia que no te permite soltar el libro sino hasta terminarlo.

A Pedro lo molieron a golpes como si fuera un trapo. Entre tortura y tortura, el Capitán cumplía con su juego de intentar ablandar el alma de Pedro, porque a su físico ya lo estaba ablandando por la fuerza. Inútil intento del Capitán. Pedro tenía un arma más poderosa que las picanas con las que le inyectaban electricidad, o los baños con bosta que jugaban un papel importante en el plan de intentar debilitarlo mentalmente, o los puños de esos matones que se encontraban con su cara en cada sesión. Pedro tenía una firmeza inquebrantable y una capacidad de persuadir al torturador de manera que, al final, fuese el verdugo el que pidiera clemencia.

Me perdí dentro del libro. Me transportó y viajé a otro tiempo y a otro lugar. Aún recuerdo vívidamente lo que sentí cuando leí una de las declaraciones del torturado, mientras se negaba a dar información, mientras se rehusaba a la idea de sobrevivir a cambio de vender a sus propios compañeros de lucha, quedando para siempre con la etiqueta de traidor. *"Los muertos no somos chantajeables"*, dijo Pedro. Inmediatamente me vino a la memoria un versículo de la Biblia: Gálatas 2:20. Casi como un reflejo involuntario, o tal vez como un susurro del Espíritu Santo, recité para mis adentros: *"...ya no vivo yo, es Cristo quien vive en mí"*.

Entre sesiones y sesiones de brutales golpizas, Pedro solo confirmaba que estaban tratando de ablandar algo tan superficial como su físico, y el Capitán continuaba una batalla que no lograba ganar (y que, de hecho, terminaría perdiendo), por el simple hecho de que Pedro ya se consideraba "un muerto en vida". Y como un muerto no puede ser chantajeado, porque ya no tiene nada que perder, por más que siguieran intentando aflojarlo a golpes, no cambiaría la situación.

¡Dios nos habla de tantas maneras! A veces solo debemos estar un ratito en silencio para poder escuchar, o leer, lo que intenta decirnos. Siendo que el Señor es tan creativo, no deberíamos limitarlo respecto de la forma en que se acerca a nosotros, pero sí, para poder reconocerlo, tenemos que estar lo suficientemente atentos para percibir cuándo lo hace, y así no perdernos la conversación. Me quedé reflexionando sobre esa frase del libro, y comprendí que si yo vivía esa premisa, si realmente me convertía en "un muerto en vida" por cederle ese lugar a Jesús, que ya murió por mí, entonces, y solo entonces, ¡sería inchantajeable en todas las áreas de mi vida! Al igual que un muerto... ¡porque ya no vivo yo, sino Cristo en mí!

Creo que si nos pusiéramos a pensar seriamente, no tardaríamos mucho tiempo en llegar a la misma conclusión respecto a qué es lo que realmente nos falta como sociedad. Lejos del *cliché* religioso y de la mera fe a ciegas, lo que nos falta es convertirnos en personas que no se vendan, que no den espacio al chantaje, ¡que ni siquiera exista esa opción! Cuando eso ocurra, no habrá personas que utilicen su influencia en beneficio propio, no habrá gobernadores que desvíen fondos públicos en beneficio propio, no habrá políticos con masters en corrupción. Habrá solo seres humanos dispuestos a someter su propia voluntad y su propia vida en amor y en beneficio de los demás, en un servicio que no espera ser retribuido ni reconocido. ¡Necesitamos morir y dar espacio a que viva Aquel que ya murió por nosotros! Solo entonces seremos imposibles de chantajear.

Pensemos por un momento en el encuentro transformador que tuvo Pablo cuando iba camino a Damasco. Él se encontró con el mismísimo Jesús, a quien en ese entonces perseguía. Un poco más tarde, este mismo Pablo se referiría a Jesús como la persona por quien vivía, y por quien se consideraba muerto en sus deseos y en sus propios anhelos. No podemos ignorar esta realidad: ¡nadie vuelve a ser el mismo luego de encontrarse con Jesús! Ninguna persona que se haya encontrado verdaderamente con Jesús puede permanecer igual. Así como nadie puede seguir siendo la misma persona luego de encontrarse con la Gracia de Dios.

"Saulo, respirando amenazas de muerte contra los discípulos del Señor, acudió al jefe de los sacerdotes en Jerusalén para pedirle cartas de autorización para ir a cada una de las sinagogas de Damasco. Quería encontrar y llevar presos a Jerusalén a todos los que siguieran el Nuevo Camino, sin importar si eran hombres o mujeres.
Cuando se aproximaba a Damasco, una luz celestial deslumbrante lo rodeó de pronto. Cayó al suelo y escuchó una voz que le decía:
Saulo, Saulo, ¿por qué me persigues
¿Quién eres, Señor? —preguntó.
Yo soy Jesús —le contestó la voz—, a quien tú persigues. Levántate, entra en la ciudad y espera instrucciones.
Los hombres que iban con Saulo quedaron mudos de asombro, porque escucharon la voz, pero no vieron a nadie.
Saulo se levantó del suelo, pero cuando abrió los ojos ¡estaba ciego!
Entonces lo llevaron de la mano a Damasco, donde permaneció tres días ciego, sin tomar alimentos ni agua".
Hechos 9:1-9

Pablo era un perseguidor furioso de los seguidores de Cristo, que estaba ansioso por apresar, y si fuera posible matar, a todos los cristianos. Él era un hebreo fanático, y creía que de esa forma estaba haciendo justicia. Que estaba "depurando" al pueblo de Dios. Hasta que un día Pablo se encontró con el mismo Jesús a quien perseguía, y por cuyo nombre mataba. Y ese encuentro lo cambió todo. Fue un choque de dos gigantes: por un lado, el gigante perseguidor de cristianos, y por otro el mismísimo Jesús, el Verbo que estuvo desde un inicio en la Creación, y aun desde antes. Como resultado de este encuentro, fue tal el cambio que hubo en la vida de Pablo que pasó de ser un perseguidor a ser un perseguido por la misma causa.

Ahora bien, si analizáramos el "currículum" de Pablo antes de conocer a Jesús, podríamos decir que era lo más cercano posible a la perfección:

> *"Me circuncidaron al octavo día, pertenezco al pueblo de Israel y a la tribu de Benjamín, soy hebreo entre los hebreos; en cuanto al cumplimiento de la ley, fui fariseo; en cuanto al celo por cumplir la ley, fui perseguidor de la iglesia; en cuanto a la justicia que la ley exige, fui intachable".*
> **Filipenses 3:5–6**

Ciudadano de Israel, descendiente directo de Abraham, Isaac y Jacob, un judío de pura cepa. Es decir, no era un mestizo. De la tribu de Benjamín, que era la tribu más estimada; en su región se encontraban Jerusalén y el Templo. Judío de padre y de madre y fariseo. Los fariseos eran la secta más estricta dentro de los judíos. Cuidaban con recelo la ley de Moisés. Para ellos el celo era una virtud, y desde su punto de vista, perseguir a los cristianos era cumplir la voluntad de Dios. ¡Ellos realmente creían que eso era lo que Dios esperaba de ellos! Y Pablo era un cumplidor de la ley, ya que creía que cumplirla a rajatabla lo justificaba ante Dios y ante los hombres. Ese era Pablo hasta antes de encontrarse con Jesús. Sin embargo, después de encontrarse con Jesús, fue un Pablo transformado quien escribió estas palabras:

> *"Pero todo aquello que para mí era valioso, ahora lo considero sin valor por causa de Cristo. Es más, todo lo considero una pérdida comparado con el supremo valor de conocer a Cristo Jesús, mi Señor. Por él lo he perdido todo y lo considero basura, con tal de ganar a Cristo y encontrarme unido a él. No quiero la justicia propia que viene de obedecer la ley, sino la que se obtiene por la fe en Cristo. Esa es la justicia que viene de Dios y está basada en la fe".*
>
> **Filipenses 3:7–91**

¡Todo ese currículum, del que antes estaba tan orgulloso, ya no significaba nada para él! De hecho, lo consideraba sin valor al compararlo con el valor de conocer a Cristo.

Recuerdo una conversación a la mesa con mi suegro. Él estaba contando que cierta vez, en una entrevista, le preguntaron cuál era su profesión (¡hasta ese momento, ni yo mismo estaba enterado de cuál era!). Mi suegro había respondido que para él no tenían mucha relevancia sus credenciales académicas, porque su máximo honor era haber llegado al rango de General militar. Tiempo después supe que también era abogado, pero hasta el día de hoy, su honor más grande e imborrable es ser General de ejército. Nada puede superar ese título para él. Ni siquiera los otros títulos que él mismo pudiera obtener académicamente. De la misma manera, para Pablo, su credencial más alta, su honor más elevado, no eran sus antepasados, ni a qué tribu pertenecía, ni cuán celosamente había cumplido la ley, sino el haberse encontrado con Jesús.

> *"Porque para mí el vivir es Cristo y el morir es ganancia".*
> **Filipenses 1:21**

Vivir, para Pablo, significaba vivir para Cristo. Y si moría, lo estimaba como un beneficio, como una ganancia. De hecho, Pablo tuvo un cambio tan radical luego de ese encuentro con Jesús, que esa misma pasión que tenía antes por perseguir a los cristianos, la tuvo incluso con un mayor fervor al predicar el mensaje de Cristo. De lo contrario, no hubiera podido soportar todo lo que soportó... Pablo fue encarcelado varias veces, y también fue azotado. Enfrentó el peligro de morir en innumerables ocasiones. En cinco ocasiones distintas, los líderes judíos le dieron treinta y nueve latigazos. Otras tres veces fue azotado con varas. Pero eso no es todo. También fue apedreado. Naufragó en el mar en tres oportunidades. Pablo enfrentó peligros en ríos, mares y desiertos, y ladrones y emboscadas en ciudades. Fue perseguido por su propio pueblo, los judíos, y también por los gentiles. Pasó hambre y sed en varias oportunidades. ¡Y todo esto por la causa de Cristo! Sin lugar a dudas, algo tuvo que haberlo impactado tremendamente como para que diera un giro tan dramático en su forma de vivir.

Ese algo es Jesús.

Cuando recibimos su Gracia todo cambia. Absolutamente todo.

Imagina ahora una reunión de amigos en la que empiezan a contar anécdotas. Cada uno va relatando los mejores, o peores, momentos de su vida. Un muchacho, muy emocionado, se pone de pie y comienza a contar que, aunque no lo crean, él en unas vacaciones se decidió a saltar en paracaídas, pese a que tenía una especie de fobia a las alturas. Era un desafío personal consigo mismo, ya que era un miedo que él quería superar. Entonces fue hasta la base desde donde se iban a elevar con un helicóptero. Tuvo un par de sesiones de práctica antes del salto, hasta que el instructor le dijo que ya estaba listo para hacerlo. Ajustaron su equipamiento, subió al helicóptero y se elevaron a unos cuatro mil metros de altura. En determinado momento, recibió la señal de su instructor y saltó al vacío. Sintió como que su corazón estuviera golpeando desde el interior el pecho, pidiendo permiso para salir. Experimentó una adrenalina que nunca antes había sentido en su vida. Primero fue una caída libre de cincuenta segundos. Luego, al llegar aproximadamente a unos mil quinientos metros de la tierra, procedió a la apertura del paracaídas, así como le había indicado el instructor, pero notó que algo estaba fallando. El paracaídas no se abría. Ya estaba a mil metros de la tierra, y empezó a desesperarse. Insistió, tirando con mayor fuerza de la cuerda para activar el paracaídas, pero este seguía sin responder. A quinientos metros de la tierra, falló también el sistema de apertura de emergencia. Ahora estaba a doscientos cincuenta metros de la tierra y el paracaídas seguía sin abrirse.

Cerró los ojos, y su cuerpo impactó en la tierra. Todos los presentes cerraron también los ojos y gritaron al momento del impacto. Sin embargo, unos segundos después, él se levantó, se sacudió el polvo de la ropa y caminó hasta la base como si nada hubiera pasado. "¡Me tocó hacer un aterrizaje forzoso!", dice el muchacho, riendo, a su grupo de amigos que lo escuchan atentos. Luego todos sus amigos aplauden la anécdota.

Otro amigo, animado por la experiencia que acaba de escuchar, se levanta y dice que eso no era nada... que lo que le pasó a él era todavía más increíble. Entonces comienza a contar que era un día como cualquier otro, pero ese día estaba muy apurado por llegar al trabajo. La lluvia que estaba cayendo era tan abrumadora que apenas podía ver lo que había delante suyo en la calle. Iba caminando mientras sostenía con las dos manos el paraguas, que intentaba darle pelea al viento como Rocky a Drago. Avanzaba lentamente pero sin rendirse. De repente, miró su reloj y vio que las manecillas marcaban las 7:55 am. ¡Su hora de ingreso al trabajo eran las 7:30 am! Como ya estaba llegando tarde, empezó a correr, y correr, y correr, sin mirar a los costados y sin mirar atrás. Solo miraba al frente. ¡Tenía que acortar esa distancia como pudiera! En determinado momento, sin darse cuenta de que estaba a tan solo dos metros de la vía del tren, y por no escuchar ningún ruido, en vez de bajar de velocidad aceleró aún más el paso. Segundos más tarde, escuchó un ruido similar al de un silbido que se iba intensificando como una trompeta a medida que se acercaba... miró hacia el costado y vio al tren de frente que lo impactó sin compasión. El chofer activó los frenos desesperadamente, pero recién a los trescientos metros logró frenar. El joven quedó atrapado entre el riel y la parte inferior de la cara frontal del tren. Tardó cinco minutos en salir de ahí... luego levantó la mirada, y vio a una multitud que lo rodeaba y que pensaba que estaría muerto. "Estoy bien, creo que es sólo un rasguño" dijo a los atónitos espectadores. El muchacho luego continúa hablándole a su grupo de amigos: "Y así fue como llegué al trabajo con la remera rota y solo un rasguño en el brazo...". Con esto concluye su relato, y los demás lo aplauden como si tuvieran al mismísimo Superman entre ellos.

Por supuesto que ninguna de estas historias es creíble ni en lo más mínimo, ¿verdad? Sin embargo, cuando decimos que nos hemos encontrado con Jesús pero nada ha cambiado en nuestras vidas, la gente nos cree. ¡Eso es imposible! ¡El impacto de la Gracia en nuestras vidas debería ser más fuerte que caer al suelo sin que se haya activado el paracaídas, y mucho más potente que una colisión contra un tren!

Luego de un encuentro con la Gracia es imposible que sigamos siendo iguales. No es posible abrazarla sin que nada cambie en nosotros. Su efecto en nuestras vidas es indisimulable.

En mi país dicen que hay dos cosas muy difíciles de ocultar: el estar enamorado y el aliento del borracho. A esto yo le agregaría que es muy difícil que uno se haya encontrado con la misma Gracia que transformo la vida de Pablo, convirtiéndolo de un asesino en un mártir por la fe, y que permanezca igual que antes. ¡Es sencillamente imposible! O te encontraste con la Gracia y algo cambio en tu vida para siempre, o nunca te encontraste verdaderamente con ella.

LUEGO DE UN ENCUENTRO CON LA GRACIA ES IMPOSIBLE QUE SIGAMOS SIENDO IGUALES. SU EFECTO EN NUESTRAS VIDAS ES INDISIMULABLE.

Es lo que menciona Pablo en esta especie de disyuntiva entre libertad y libertinaje:

> *"¿Qué podemos decir? ¿Seguiremos pecando para que el amor gratuito de Dios abunde aún más? ¡Por supuesto que no! Los que ya hemos muerto para el pecado, ¿cómo vamos a seguir viviendo en pecado?".*
> **Romanos 6:1–2**

La libertad de abrazar el sacrificio no es sinónimo de vivir una vida de libertinaje. Por el contrario, recibir la Gracia debe ser como tener un cartel en nuestras frentes que deje ver públicamente el mensaje: "Ya no soy el mismo".

Aceptar la Gracia es abandonar nuestra antigua forma de vivir. No nos dejemos engañar, ni pretendamos engañar a nadie: vivir nuestra fe desde la premisa de la Gracia, bajo ningún concepto significa tener permiso para vivir como se nos antoje, incluso en pecado, con la justificación de que lo hacemos "porque Dios nos perdonaría". La exhortación de Pablo en este sentido es bastante clara. Su exposición en Gálatas 5 respecto a vivir en libertad, y que al mismo tiempo nos aconseja no dejarnos engañar por quienes intenten confundirnos con eso, debe ser nuestra premisa principal:

> *"...ustedes fueron llamados a ser libres. Pero no usen esa libertad para dar rienda suelta a sus pasiones. Más bien sírvanse unos a otros con amor".*
> **Gálatas 5:13**

Hemos sido llamados a vivir en libertad, pero no para satisfacer nuestros propios deseos, sino para impulsarnos al servicio por amor. ¿Te suena esto como un discurso actual? ¿Vivir en servicio por amor unos a otros? Realmente hace tiempo que no escucho campañas sobre eso, sino más bien veo un mundo que insiste, motiva y presiona para que cada quien haga lo que quiera, y cada cual se sienta como quiera sentirse... y con el "yo" por encima de todo como axioma principal. Por eso, como cristianos, te animo a que busquemos una libertad que sea utilizada teniendo la mira en las cosas de arriba y no en vanidades terrenales, sabiendo que nuestro verdadero tesoro está en el Reino de Dios. De esta manera se hará todavía más patente y más real eso de que "Cristo vive en nosotros", porque será su causa la que perseguiremos y anhelaremos en todo lo que hagamos.

Y cualquier pérdida en ese sentido deberíamos estimarla como ganancia, porque nada de lo que nosotros pudiésemos acumular aquí en la tierra tiene verdadero valor comparado con los tesoros celestiales....

> *"No me importa cuánto haya de sufrir ni trato de salvar mi vida. Lo único que me importa es terminar con gozo mi carrera y la tarea que me señaló el Señor Jesús: dar testimonio del inmenso amor de Dios."*
> **Hechos 20:24**

Hace un tiempo escuché una entrevista que le hicieron a un jugador argentino. Se trata de un jugador de fútbol que ganó muchos trofeos a lo largo de su trayectoria como profesional y en distintos clubes, que de hecho son clubes muy reconocidos a nivel mundial. Pero cuando el periodista le preguntó cuál era su trofeo más importante o su logro más preciado, él respondió que cambiaría cualquiera de los trofeos que había ganado, o incluso todos ellos, por ganar una copa del mundo con su país. Luego, en el mundial de fútbol del año 2022, Argentina salió campeona del mundo y este jugador fue parte de esa hazaña.

En el texto que acabamos de leer, en el que Pablo declara que su vida carece de valor con tal de terminar la carrera dando testimonio de la Gracia de Dios, yo puedo entender a qué se está refiriendo (cuando Dios me habla en términos futbolísticos, comprendo más rápido). ¡Todo lo que Pablo era, todo el prestigio académico que pudiera tener, con una trayectoria que era fácilmente envidiable por cualquier judío, todo eso, él lo desechaba y lo cambiaba gozosamente por anunciar la gracia del Evangelio de Dios! Este mensaje de Gracia para Pablo era como la Copa del Mundo. Pablo cambiaría cualquier trofeo por esa copa, por esa Gracia. Es más, aun sumando todos sus logros, Pablo decía que no llegaba a equiparar el valor del mensaje de Cristo. Porque, ¿de qué le sirve al hombre ganar el mundo y perder su alma?

Con este ejemplo me fue más fácil entender el valor del sacrificio que hizo Jesús por mí. ¡No se compara con nada en absoluto! ¡Es la perfección misma! Podríamos pensar que para alcanzar la salvación se necesita la perfección. Sin embargo, hay hombres salvos que nunca fueron perfectos. ¿Cómo es posible eso entonces? Muy simple: es por Gracia.

La Gracia es la Copa del Mundo para cualquier jugador de fútbol. Es la medalla de oro olímpica para un atleta profesional. Es, para un artista, la exposición de sus mejores cuadros en el Museo del Louvre. Es el bestseller para un escritor.

¿Cuál es tu mayor tesoro? En la agenda del Señor hay un día especial guardado para tu encuentro personal con esa Gracia que lo cambia todo... ¿tienes lugar en tu agenda hoy?

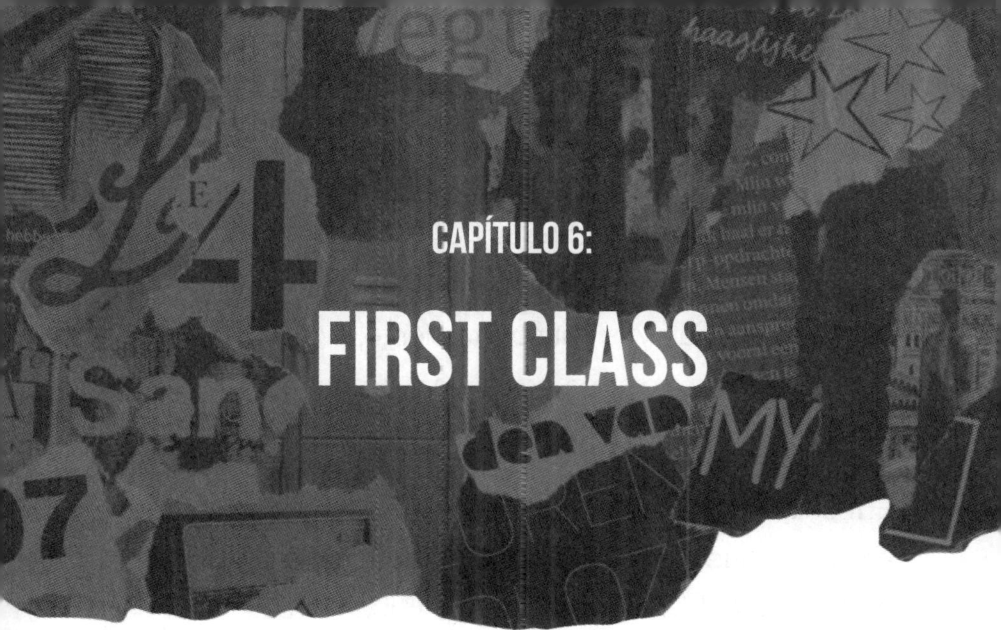

CAPÍTULO 6:

FIRST CLASS

Escribo estas líneas a 36.023 pies de altura. Temperatura fuera del avión: –56 grados Celsius. Tiempo restante de vuelo: 1 h 20 m. Hora actual: 08:00 am.

A mi lado derecho se encuentra un señor. Apariencia norteamericana, 42 años de edad aproximadamente, barba blanca, lentes. Tiembla de repente, parece que tiene pesadillas. A mi lado izquierdo está sentado un joven de porte oriental, 29 años de edad aproximadamente. Bolsón negro en el piso, sobre la mesita tablet en la cual está mirando la más reciente película de Sylvester Stallone. En el medio, yo. Paraguayo, inquieto, que se mueve cada dos por tres por no poder dormir. Estamos sentados exactamente tres filas atrás de los bendecidos pasajeros que viajan en primera clase.

No sé si es que ya vi muchas películas, o si será solo mi imaginación que está activada todo el tiempo, pero es como que mi mente viaja y se transporta; siente, vive y experimenta... y así, sin previo aviso, se activa el botoncito hollywoodense en mi cabeza. Esta vez se activó estando en el avión.

En ese vuelo, yo estaba regresando a mi rutina universitaria, así que lo que menos hacía era disfrutar del viaje. No era nada agradable saber que me esperaban tareas para ponerme al día y exámenes por rendir. Lo cierto es que, aunque intenté dormir, no logré pegar un ojo. Y a pesar del cansancio (o tal vez gracias a él), entre pestañeo y pestañeo, vi la siguiente escena

Primero, la "cámara" (imaginaria) se posó sobre la cortina semitransparente que separaba a los afortunados, bendecidos y privilegiados pasajeros que viajaban en primera clase, y que los separaba de nosotros, el resto de los mortales. Es evidente que la intención de quien diseñó tal cortina fue el hacernos sufrir viendo algo que no podemos alcanzar. Un lugar que está ahí, tan cerquita que casi se puede sentir la fragancia del perfume caro de la señora coqueta de la segunda fila, pero que no es nuestro lugar. Es casi como cuando estás a dieta y te pasa por delante un postre de chocolate que parece que te hablara diciéndote: "Puedes mirarme pero no tocarme".

A través de la cortina yo veía cómo les servían la comida a los pasajeros de primera clase. Se podía notar la diferencia en la calidad (y en la cantidad), y yo comencé a envidiar santamente toda esa comodidad que apreciaba, desde lejos, solo con los ojos. De repente, en medio de toda esta escena que duró solo unos parpadeos, Dios me trasladó a un versículo bíblico:

> *"Al instante, el velo que ocultaba el Lugar Santísimo del templo se rompió en dos de arriba abajo, la tierra tembló, las rocas se partieron...".*
> **Mateo 27:51**

¡La cortina se rompió y un camino se abrió! Antes, esa cortina nos separaba por completo de la presencia de nuestro Creador. ¡Ahora quedaba libre el camino para que todos pudiéramos acercarnos a Él cubiertos por ese manto de Gracia!

En ese momento me imaginé al Señor, casi al estilo de Hulk, rompiendo la cortina que me separaba de los pasajeros de primera clase, e invitándome a comer esos platos que servían allí, lejos de mí, y que de solo mirarlos se me hacía agua la boca.

Un golpe de gracia.

Una acción inmerecida.

Un regalo que mi bolsillo no podía costear.

Un boleto que mis acciones no podrían jamás comprar.

Primera clase. First class.

Ese lugar donde hay suficiente comodidad, no para evitar del todo las turbulencias del vuelo, pero sí para estar más cerca del piloto y tener la garantía de un viaje seguro.

Ahora vuelvo a cerrar los ojos y puedo ver esa escena una y otra vez. Veo al Hijo de Dios rompiendo la cortina que nos separaba de la primera clase, para que podamos estar cerca del piloto, de quien guía nuestras vidas, sentados en un lugar donde se atraviesa la misma turbulencia, pero la seguridad es distinta. Y comprendo que el precio pagado fue alto. Que su muerte fue el costo de mi salvación, el costo de mi pasaje. Y me emociona que Jesús nos quisiera llevar ahí, a primera clase, aunque no merecíamos siquiera subir al avión.

Luego comprendo también que Él no se quedó satisfecho con habernos entregado el boleto en la mano, sino que además nos preparó las maletas con todo lo que necesitaríamos para el viaje: podemos llevar con nosotros al Espíritu Santo. De manera que Jesús pagó nuestro boleto, nos aseguró el viaje en primera clase y además nos dio todo lo que necesitamos para el trayecto.

> *"Pero les digo la verdad: A ustedes les conviene que me vaya, porque si no lo hago, el Consolador no vendrá a ustedes; en cambio, si me voy, yo se lo enviaré, y cuando él venga, convencerá al mundo de su error en cuanto al pecado, a la justicia y al juicio".*
>
> **Juan 16:7–8**

La salvación fue un regalo inmerecido. Nada de lo que pudiéramos haber hecho podía convertirnos en dignos. Ningún esfuerzo propio podría jamás garantizarnos el acceso a su Gracia. Entender esto es clave para entender la esencia del sacrificio de Jesús por nosotros. Porque además, si hubiéramos podido hacer algo para merecerlo, eso implicaría también que podríamos hacer algo en el proceso para dejar de merecerlo. Y realmente, si dependiera de nosotros, no podríamos alcanzar tanto amor y tanta gracia ni en mil vidas. ¡Qué bueno que la salvación no dependa de nosotros sino de su Gracia! ¡Y qué bueno que nada pueda separarnos de su gran amor!

Cuando Dios sacó a su pueblo de la esclavitud de más de cuatrocientos años en Egipto, Él lo acompañó en el desierto de día y de noche. Una columna de fuego los mantenía abrigados en las noches, protegiéndolos de ese frío desértico que penetra hasta los huesos, y de día había permanentemente una nube que les brindaba sombra, ayudándolos a soportar el calor. Además, claro, el Señor se encargó de alimentarlos diariamente. Pero aun así, el pueblo de Israel se dejó llevar por sus propias emociones y por el murmullo que había entre las otras personas que también habían escapado de Egipto con ellos. Entonces empezaron a extrañar la comida que les daban en Egipto. ¿No te parece increíble? Ellos fueron liberados luego de más de cuatrocientos años de esclavitud, y eran testigos diariamente de los milagros que hacía Dios con ellos, cuidándolos en medio del desierto, alimentándolos con comida que descendía desde el mismo cielo. Sin embargo, ¡comenzaron a extrañar la forma en que vivían siendo esclavos!

Si nos fijamos bien, todo empezó a partir de un pequeño capricho. Ellos en realidad no estaban pasando hambre. Tampoco habían pasado ninguna necesidad. Más allá de lo incómodo o cansador que pueda ser atravesar un desierto, Dios cubría absolutamente todas las necesidades de su pueblo e incluso más. Pero el capricho fue más fuerte que el agradecimiento. ¡Ellos simplemente tenían ganas de cambiar el menú de la comida! Estaban hartos de comer siempre lo mismo, y se quejaron de que la carta no era variada... Siempre era maná del cielo. Ellos querían comer carne. Así como la comían en Egipto. ¿Puedes imaginarte eso? ¿Quejarse y llegar a decir "prefiero la comida que me servían cuando era esclavo"?

Y aquí no quiero que dejemos de ver todo el contexto, porque este fue un pueblo que vio lo que muchos de nosotros probablemente jamás vayamos a ver. ¡Dios había hecho maravillas con ellos y en medio de ellos! Estamos hablando de un pueblo que fue testigo de las diez plagas que cayeron sobre Egipto para que fuera posible el camino de su liberación. Un pueblo que vio que cuando pasó el ángel de la muerte, la sangre del cordero que marcaba sus hogares mantuvo a salvo a sus primogénitos. Un pueblo que vio el mar rojo dividido en dos, y que cruzó sobre tierra seca mientras los perseguían los carros de un furioso faraón... carros que nunca los alcanzaron, porque cuando terminaron de cruzarlo, el mar volvió a cerrarse y los que los perseguían murieron allí, frente a sus ojos. Eran personas que habían pasado de ser esclavos, maltratados y azotados, a ser cuidados con amor por el mismísimo Creador del universo, que los alimentaba cuando tenían hambre, los abrigaba en medio del frío y los protegía del sol del desierto.

Sin embargo, allí estaban ellos, ¡quejándose porque querían comer carne, y no el maná que les enviaba Dios! Ellos le habían dado tanto lugar a sus deseos y caprichos, que se habían olvidado de que cada día que pasaban en ese desierto, camino a la tierra prometida, eran testigos de milagros irrepetibles. Se habían acostumbrado tanto a la grandeza de la provisión de Dios en medio de la incertidumbre del desierto, que desviaron sus corazones hacia lo conocido, sin importarles que fueran recuerdos de su esclavitud. Y abrazaron tanto esos recuerdos, y los anhelaron tanto en sus corazones, que llegaron al punto de quejarse colectivamente, pidiendo volver a esos tiempos en que eran esclavos en Egipto. Claro, allí comían carne.

En otras palabras, estas personas estaban dispuestas a vender su propia libertad por un plato de carne. ¿No te suena familiar esta historia? Salvando las distancias y los contextos, creo que así es como actuamos muchas veces con Dios. Puede que lo primero que me digas sea: "¡No, yo nunca he deseado ser un esclavo, claro que no!", pero déjame iluminar un poco la situación.

Es cierto que no extrañamos la esclavitud en Egipto, pero ahora que somos libres de la esclavitud del pecado que nos tenía atados de pies y manos, muchas veces desviamos nuestros corazones y nos quejamos, exclamando: "Ah, pero antes podía hacer esto o aquello, ¡y se sentía tan bien!", o "Antes tenía mis fines de semana libres para hacer lo que quisiera, ¡y ahora tengo que servir en la iglesia!", o "Si tan solo pudiera volver a aquellas actividades que me divertían tanto...", por citar solo algunas expresiones que he escuchado muchas veces.

¡Estamos actuando de la misma manera en que actuó el pueblo de Israel, a pesar de que había visto milagros diariamente, y experimentado la provisión amorosa del Señor sobre sus vidas! ¿Acaso Dios no nos sostiene cada día? ¿No es un milagro también, hoy, el poder ser libres de lo que antes nos condenaba? ¿Por qué entonces deseamos volver a los tiempos de esclavitud? Lo entiendo, quizás no sea una esclavitud como la de Israel en Egipto, pero tal vez sea una esclavitud emocional o sexual, o una dependencia de sustancias o incluso de personas. Las situaciones pueden variar, pero la esencia de la esclavitud es la misma: es algo que nos impide ser completamente libres para cumplir nuestro propósito.

Pensándolo bien, tampoco se trata de algo demasiado nuevo, ¿verdad? De hecho, el propio Pablo se sentía de la misma manera cuando expresaba que el problema está en nosotros, porque somos demasiado humanos.

"Sabemos que la ley es espiritual. El problema es que yo estoy vendido en esclavitud al pecado, a causa de mi naturaleza pecadora. Yo no me entiendo a mí mismo, porque no hago lo que quiero, sino lo que aborrezco. Sé bien que si hago lo que no quiero hacer, entonces la ley es buena. De manera que no soy yo el que lo hace. Es el pecado que está dentro de mí. Yo sé que en mi vieja naturaleza no hay nada bueno. Pues aunque quiero hacer lo bueno, no puedo. Cuando quiero hacer el bien, no lo hago; y cuando trato de no hacer lo malo, lo hago de todos modos. Entonces, si hago lo que no quiero hacer, está claro cuál es el problema: es el pecado que vive en mí".
Romanos 7:14–20

A veces me causa gracia este pasaje porque parece un trabalenguas, y por momentos podría hasta parecer confuso su significado... pero la verdad es que no hay mucho secreto en esto. Es simple: nuestra humanidad pecaminosa está constantemente luchando contra el deseo de hacer lo bueno. ¡La buena noticia es que de esto también hemos sido liberados!

"Así que a los que están unidos a Jesucristo ya no les espera ninguna condenación, porque el poder vivificador del Espíritu, poder que reciben a través de

Jesucristo, los libera del poder del pecado y de la muerte. La ley no pudo liberarnos porque nuestra naturaleza pecaminosa anuló su poder. Pero Dios envió a su propio Hijo con un cuerpo humano igual en todo al nuestro para entregarlo en sacrificio por nuestros pecados, y así destruyó el dominio del pecado sobre nosotros".

Romanos 8:1–3

"Los que ocupan su mente en las cosas del Espíritu tienen vida y paz; pero el ocuparse de las cosas de la naturaleza pecaminosa produce muerte, porque la naturaleza pecaminosa siempre se rebela contra Dios, nunca ha obedecido la ley de Dios y nunca podrá obedecerla. Por eso, los que viven de acuerdo con su naturaleza pecaminosa jamás podrán agradar a Dios. Pero ustedes no son así. Ustedes viven según el Espíritu, si es que el Espíritu de Dios mora en ustedes. No es cristiano quien no tenga el Espíritu de Cristo".

Romanos 8:6–9

Jesús vino para liberarnos de la esclavitud del pecado, y no hay nada que podamos hacer para merecer esta salvación. Ese es el punto principal. Ahora nos toca a nosotros decidir aceptar este regalo inmerecido, y ser conscientes de que la vida bajo la Gracia es una vida sin condenación, y que el mismo poder que da vida es el que nos libera del pecado.

Por lo tanto, debemos tener siempre presente que es mayor el poder que reside en nosotros que el poder del pecado. No hay tentación, no hay deseo pecaminoso, no hay prueba, no hay nada que no pueda caer rendido a los pies de Jesús... siempre y cuando dejemos que el control esté en sus manos. Porque claro, como hemos visto, cuando cedemos el control a nuestros deseos y caprichos, pasamos a ser vulnerables y podemos perder la batalla.

El camino a la tierra que Dios nos prometió está repleto de milagros cotidianos que muchas veces dejamos de ver y de agradecer, por el simple hecho de habernos acostumbrado a ellos o por habernos encaprichado con algún gusto que no se nos está dando en ese momento. Aprendamos de la historia del pueblo de Israel, que por haberse ocupado más del capricho de querer comer carne dejó de ver que era un pueblo bendecido y privilegiado, y que a pesar de haber sido liberado de la esclavitud y de haber caminado día tras día viendo milagros, aun así se quejó.

CUANDO CEDEMOS EL CONTROL A NUESTROS DESEOS Y CAPRICHOS, PASAMOS A SER VULNERABLES Y PODEMOS PERDER LA BATALLA.

Jesús rompió el velo que nos separaba de Dios, e hizo un camino adornado de Gracia para todos lo que creyéramos en Él. Con el sacrificio de

Jesús, Dios nos ha extendido la invitación para pasar a ser parte de los que viajan en primera clase. Y no, no nos promete un camino sin tribulaciones ni pruebas. Pero nos ha dejado al Espíritu que da vida, que es el que mora en nosotros si creemos en ÉL, y sabemos que su poder vence al pecado. Y nos ha dejado también una promesa:

> *"En este mundo van a sufrir, pero anímense, yo he vencido al mundo".*
> **Juan 16:33**

CAPÍTULO 7: EL VALLE DE LOS SUEÑOS ROTOS

Desde que nació, Seth estuvo rodeado de lujos. Cuando cumplió los 3 años de edad, su padre ya le permitió montar un caballo. Esa experiencia era lo que más disfrutaba, aun cuando no tenía la capacidad de expresarlo en palabras debido a su corta edad. Su padre era un príncipe, y su abuelo el rey más poderoso del continente. Su casa era un palacio todo decorado con piedras preciosas, y había obras de arte en cada recámara. El proyecto de vida que tenía por delante era sumamente esperanzador. "Cuando crezcas, podrías llegar a ser rey", le susurraba su niñera cuando lo acostaba a dormir. En el palacio real, un sirviente de la familia llamado Basi, también velaba por el bienestar del niño, que sería heredero de todo lo que su abuelo había construido y conquistado.

Jon, el papá del niño heredero, era un gran guerrero. Era valiente y atrevido. Logró varias conquistas, incluso en expediciones solitarias. Ellos vivían en tiempos de guerra. En una ocasión, luego de haber demostrado su coraje, y tras una dura batalla, Jon quedó con mucha hambre. Sus fuerzas empezaron a debilitarse. Necesitaba comer algo. Pero por alguna curiosa razón, el rey, padre de Jon, había jurado que caería una maldición sobre quien comiese algo antes de que cayera la noche, y antes de que todo el ejército enemigo fuera derrotado. A quien osara comer durante el periodo de esa promesa, le costaría la vida, incluso si fuese su propio hijo. Esto había exclamado con euforia el rey al momento de hacer el juramento.

Jon, decaído y sin fuerzas, se encontró en el camino con un panal que llevaba abundante miel y decidió probar un poco de ella para recuperar algo de las energías que había gastado en la pelea. Al instante se sintió revitalizado como si le hubieran inyectado un energizante. Sin embargo, cuando el rey se enteró que Jon había desobedecido el juramento que había hecho, estuvo dispuesto a matarlo, aunque fuera su propio hijo.

"¡No podemos matar a Jon!", exclamó un soldado de entre la multitud. "¡Hemos ganado esta batalla gracias a él!", agregó otro soldado en defensa de Jon. De esa forma todos, de manera unánime, detuvieron al rey antes de que matara a su propio hijo.

Ahora bien, el rey de esta historia era una persona sobresaliente en todo. Era el más alto y fuerte de toda la nación. No había nadie que le igualase en físico ni en estatura. Su presencia era imponente. Cuando inició su mandato como rey emprendió varias batallas, ganándolas todas, y volviéndose cada vez más popular su nombre y su fuerza. Pero había algo que no estaba del todo equilibrado en su vida: su carácter. Era un hombre que iniciaba todas sus cruzadas con la aprobación de sus consejeros, hasta que la ambición y la emoción le jugaron en contra y empezó a dar órdenes a su ejército sin haber consultado primero al Consejo de Sabiduría. Esto suponía contratiempos que no estaban previstos, porque no había una planificación segura y las grietas que dejaba la improvisación eran grandes. En este sentido, podría decirse que Jon, su hijo, era un hombre más prudente, incluso en sus arrebatos de desobediencia juvenil.

Luego de cierto tiempo, empezó a escucharse con frecuencia otro nombre dentro del pueblo: el nombre de Daoud. Este era un adolescente que empezaba a ganar popularidad por matar osos y leones. Daoud vivía en el campo, alejado de la ciudad y de los ruidos de las batallas. Pero tal era su valentía que un día, sin haberse alistado aún al ejército, aceptó el desafío de enfrentarse contra un gigante que amenazaba diariamente su país. El propio rey no se había animado a hacerle frente. Daoud, sin mucho esfuerzo, logró matarlo, cortarle la cabeza y acabar con sus amenazas. Esto empezó a generarle celos al rey. ¿Cómo era posible que un joven campesino fuera capaz de avergonzar a todo un ejército con su coraje, y al mismo tiempo librar a su país de la amenaza del enemigo, sin haber sido siquiera entrenado para ello? Este adolescente representaba una gran incógnita.

Pasó el tiempo, y de alguna manera Jon y Daoud se hicieron muy amigos. Debido a su demostración de gran valor y coraje, el rey había decidido alistar en el ejército al joven Daoud. Él aportaba una gran dosis de ánimo para el resto, y tenía un liderazgo nato que, pese a su corta edad, lograba contagiar a sus compañeros una sensación de victoria en cada cruzada que les tocaba emprender. Daoud y Jon compartían prácticamente todo: sueños sobre el futuro, batallas y hazañas en combate. Nada de lo que ocurría en el país era desconocido para Jon, ya que era hijo del rey, y todo lo que sabía él también lo compartía con Daoud.

Pero no todo era color de rosa. Aquellos primeros celos que se habían incrustado en el corazón del rey por las hazañas de Daoud fueron creciendo a medida que la popularidad del joven crecía. El rey vio cómo el ejército empezó a respetar más, e incluso a celebrar más, el nombre de Daoud que el suyo, y el asunto se convirtió en algo que ya no se podía detener. Esos celos iniciales se convirtieron en una ira desmedida, a tal punto que el rey decidió que la única forma de terminar con ese sentimiento era acabando con la vida de Daoud. Todo esto sin importarle que, además de ser uno de sus mejores soldados, ¡era también el mejor amigo de su hijo!

Cuando Daoud se enteró de este plan de muerte que tenía el rey contra él, decidió compartirlo con su mejor amigo. ¡Jon no podía creer lo que estaba ocurriendo! Por eso, quiso confirmarlo él mismo. Pero antes de buscar a su padre para sacarse las dudas, Daoud y Jon hicieron un juramento: fuera lo que fuera que ocurriese, si Daoud lograba sobrevivir, nunca dejaría de ser bondadoso con la familia de Jon y su descendencia. Este era un pacto de caballeros. El problema que pudiese tener con su padre era una cuestión aparte. La amistad entre ambos era mucho más grande y más fuerte que los delirios del rey. Así fue como Daoud juró mostrar siempre bondad hacia la familia de Jon, estuviese donde estuviese, y fuese quien fuese. Estas fueron las palabras de Jon en ese día:

"—Prometo por el Señor el Dios de Israel, que a esta hora mañana, o pasado mañana a lo sumo, conversaré con mi padre acerca de ti y te haré saber qué intenciones tiene. Si está airado y desea matarte, que el Señor me mate si no te lo digo, para que puedas escapar. ¡Que el Señor esté contigo como estaba con mi padre! Cuando eso suceda, sé que mientras yo viva me serás fiel, porque nos hemos jurado lealtad, y que si muero seguirás leal a mi familia. Y después que el Señor haya destruido a todos tus enemigos, que Dios te juzgue si tú y tu casa no muestran amor a mis descendientes".

1 Samuel 20:12-16

Luego ambos se fundieron en un abrazo de despedida que duró cinco segundos de eternidad y no se volvieron a ver jamás.

El tiempo pasaba, y el joven Daoud iba de huida en huida, siempre escapando de las intenciones del rey de matarlo. Así estuvo por mucho tiempo tranquilo, lejos de las amenazas del rey. No era la forma en la que le gustaba vivir, pero no le quedaba otra opción. Era su propia vida la que estaba en juego.

Cierto día, Daoud se acostó tan agotado por la jornada del día que cuando abrió los ojos a la mañana siguiente no sabía en qué época del año estaba, ni qué día era. Intentó recomponerse en su cama, y justo en ese momento escuchó que alguien golpeaba la puerta insistentemente. Aún bostezando se puso de pie, y caminó algo irritado hacia el encuentro con el hombre que se encontraba al otro lado de la puerta. Al abrirla, vio a una persona de rostro triste, y visiblemente agotada por el largo trayecto que había tenido que hacer para encontrarlo en su escondite. Sin mediar palabra, le entregó un periódico.

–¿Qué es esto? –preguntó Daoud, desconcertado.

–¿No te enteraste? Son las noticias que recorren el mundo hoy.

–¿Qué sucedió?

–Los mataron, a... a los dos –respondió el mensajero, con la voz entrecortada por el miedo que sentía al entregar semejante noticia.

–No entiendo, no entiendo... –murmuraba Daoud– mientras pasaba apuradamente las páginas del periódico.

Luego el silencio sonó como un estruendo que partió el corazón de Daoud.

"El rey y su hijo fueron asesinados en batalla", rezaba un titular.

Cuando la misma noticia llegó al palacio real, todos empezaron a correr... en todas las direcciones, y a la vez en ninguna. Fue verdaderamente un caos. La desesperación y la angustia se habían apoderado de cada alma en el recinto. Los gritos y los llantos se escuchaban en el patio, en la sala y en cada recámara. Eran dos muertes tan importantes que no se podían asimilar en el mismo día, mucho menos en el mismo instante.

– ¿¡Seth!? ¿¡Dónde está Seth!? –gritaba la niñera, al tiempo que se alistaba para el plan de huida.

Lo encontró durmiendo en su habitación. Sin despertarlo, lo alzó entre sus brazos y empezó a correr. Seth era el heredero del reino. El nieto del rey, el hijo de Jon. Seguramente lo primero que harían sería buscarlo para eliminarlo a él también, ahora que su padre y su abuelo estaban muertos.

Seth era muy chico aún para entender y dimensionar el conflicto que estaban viviendo. Con él en brazos, la niñera cruzó la sala del palacio sin mirar atrás, y atravesó la entrada tratando de dominar sus nervios para poder concentrarse en salir de allí lo antes posible. En el patio se cruzó con Basi, el sirviente de la familia real, y le susurró al oído: "Búscame en el pueblo que está a 10 km de aquí ni bien logres salir con todas las cosas".

Luego continuó avanzando tan rápido como podía, pero pisó algo en el apuro que la desestabilizó por completo. En una fracción de segundo se tambaleó y, aunque intentó sujetar al niño Seth con todas sus fuerzas, la caída fue inevitable. La niñera no pudo sostenerlo y terminó cayendo ella por un lado y Seth por el otro. El niño se despertó por el golpe, y empezó a llorar desconsoladamente. La niñera logró volver a ponerse de pie rápidamente, y miró a Seth. Algo no estaba del todo bien. No había sido una caída cualquiera. Lo levantó nuevamente en sus brazos, pero sintió que las piernas del niño no respondían como siempre. Ella no quiso creer lo peor. Pero lo peor sucedió. Seth, de 5 años de edad, quedó parapléjico desde ese mismo momento.

Pasó el tiempo, y Seth llegó a la adolescencia. Con 12 años, él sentía que no había mucho por hacer. Lo que alguna vez había sido un futuro prometedor para él, con su padre como príncipe y su abuelo como el rey más poderoso, ahora era simplemente un recuerdo lleno de nostalgia y dolor. La niñera que lo había dejado caer había muerto ya hacía dos años, pero él había crecido con tal sentimiento de rabia hacia ella, que ni siquiera su muerte pudo desvanecer el rencor que lo invadía al pensar cómo no había sido capaz de sostenerlo mejor cuando huyeron. Para ella fue solo un tropezón, pero para él significó quedar inmovilizado de ambas piernas de por vida.

Su adolescencia fue una tortura. Nadie quería acercarse a él, y su condición no le permitía acercarse a nadie. Al menos no sin ayuda. Había pasado de ser un joven heredero a ser un paralítico sin fortuna, ni palacio, ni casa, ni sueños... Al cumplir los 18 años se mudó a vivir solo en un pueblo abandonado llamado Lodebar. Ese pueblo era el destino de los desafortunados. Allí iban todos los que sentían que no tenían un futuro, aquellos que simplemente estaban esperando el último golpe que la vida les diera para abandonar todo resto de esperanza que les pudiese quedar... si es que les quedaba algo de esperanza. Esa ciudad era el valle de los sueños rotos. No había quejas, ni llantos. Tampoco expectativas ni deseos. El silencio era la música que sonaba en sus calles. La desolación era la compañera permanente de sus habitantes. Y ahí esperaba Seth pasar el resto de sus días.

Daoud, por su parte, había continuado con su vida, logrando reponerse de la depresión en la que entró luego de la muerte de su mejor amigo. Cuando el joven Daoud cumplió 30 años lo nombraron rey. Parece increíble, ¿verdad? Pero así fue. Quien había pasado toda su juventud huyendo, finalmente fue proclamado rey. El trono que su antecesor había ocupado en aquellos tiempos en los que buscaba eliminarlo, ahora le correspondía a este joven valiente. Ese día, de alguna forma, el recordar el pasado le dio ánimo y valor. Daoud sabía que debía honrar de la mejor forma posible la vida de Jon, su mejor amigo, y no se había olvidado de la promesa que se hicieron en aquella cueva, cuando él estaba huyendo de la muerte y de la locura del entonces rey. Por eso, ni bien estuvo en el trono, Daoud consultó si había algún sobreviviente de la descendencia del rey anterior y de su hijo Jon. El sirviente de la familia real, Basi, aún seguía con vida, y tan pronto como se enteró del pedido del nuevo rey se presentó en el palacio y se puso a su disposición.

– Dime, ¿hay algún sobreviviente de la familia real? –le preguntó Daoud.

– Mi rey, todavía vive el hijo de Jon –contestó Basi.

– ¿El hijo de Jon? –respondió Daoud, y su semblante se llenó de alegría, recordando aquel momento en el que, antes de despedirse para siempre, juraron lealtad a sus familias.

– Sí, señor, su nombre es Seth. Él quedó parapléjico cuando huyeron al enterarse de la muerte de su padre y del rey. Vive en Lodebar desde aquel momento.

– ¡Pues quiero que venga inmediatamente al palacio! –ordenó Daoud.

Inmediatamente, salió una delegación real a buscar a Seth de Lodebar, y lo llevaron en tiempo record al palacio. Cuando estuvo delante del rey, Seth se dejó caer a los pies de Daoud y, llorando, le dijo:

– Soy como un simple perro muerto... soy un hombre que no puede caminar, sin futuro por delante... ¿Qué desea de mí el rey?

Entonces Daoud, dirigiéndose a Seth, a todos los sirvientes del palacio y a Basi, quien había sido sirviente del rey anterior, ordenó que todo lo que le había pertenecido a su mejor amigo Jon y al rey anterior, que era el abuelo de Seth, se le entregara de inmediato a Seth. Todas las tierras y todos los bienes que tenía cuando aún era un niño le fueron restituidos en ese acto. Además, el sirviente de su abuelo ahora sería su sirviente, y Seth permanecería en la casa real hasta el día de su muerte, y todos los días comería en la mesa con el rey como si fuera de su propia familia.

– Así lo ordeno –concluyó Daoud.

¡Qué fascinante historia! Parece una novela, ¿verdad? Sin embargo, es una historia real, y la encontramos en los libros de 1 y 2 Samuel. El nombre real de Seth es Mefiboset, el de Daoud es David y el de Jon es Jonatán. El rey de la historia era Saúl, y Basi es Siba, su sirviente. Leamos juntos parte del relato bíblico que encontramos en 2 Samuel 9:

> *"Un día David preguntó si quedaba algún descendiente de Saúl, pues quería mostrarle misericordia, de acuerdo con lo prometido a su amigo Jonatán. Al enterarse de que había un hombre llamado Siba, que había sido uno de los siervos de Saúl, lo mandó a llamar.*
>
> *¿Eres tú Siba? —le preguntó el rey.*
>
> *Sí, su siervo —respondió el hombre.*
>
> *El rey entonces le preguntó:*
>
> *¿Ha quedado alguien vivo de la familia de Saúl? Si es así, quiero cumplir un voto, mostrándome misericordioso con él.*
>
> *Sí, mi rey —respondió Siba—, aún vive un hijo de Jonatán, el cual es tullido de los dos pies.*
>
> *¿Dónde vive? —volvió a preguntar el rey.*
>
> *En Lo Debar, en la casa de Maquir hijo de Amiel —respondió Siba.*
>
> *De inmediato, el rey David envió por Mefiboset hijo de Jonatán y nieto de Saúl. Mefiboset llegó y se inclinó delante del rey David, quien le preguntó:*
>
> *¿Eres tú Mefiboset?*

Sí, aquí está su siervo —le respondió.

David le dijo:

No tengas miedo. Te he enviado a buscar porque quiero ayudarte, tal como se lo prometí a tu padre Jonatán. Te devolveré todas las tierras que pertenecieron a tu abuelo Saúl, y de aquí en adelante vivirás en mi palacio.

Mefiboset entonces se inclinó de nuevo delante del rey, y dijo:

¿Debe el rey mostrar tanta bondad con un perro muerto como yo?

El rey llamó a Siba, el siervo de Saúl, y le dijo: He dado al nieto de tu amo todo lo que pertenecía a Saúl y a su familia. Tú y tus hijos y tus sirvientes le trabajarán la tierra a fin de proporcionar alimento a su familia. Pero él vivirá aquí conmigo y se sentará a mi mesa.

Siba, que tenía quince hijos y veinte siervos, contestó:

Mi rey, haré todo lo que usted me ha ordenado.

Desde aquel momento, Mefiboset comió regularmente con el rey David, como si fuera uno de sus hijos. Mefiboset tenía un hijo pequeño llamado Micaías. Todos los de la casa de Siba quedaron al servicio de Mefiboset, pero Mefiboset, que era tullido de ambos pies, se fue a vivir al palacio real en Jerusalén, y siempre comía en la mesa del rey".

2 Samuel 9

La historia de David con su amigo Jonatán suele ser utilizada como ejemplo de una gran amistad. Y sí, es cierto que esta fue una amistad a prueba de muerte y de dolor. Pero el final de esta historia no solo es un ejemplo de lealtad, sino también de Gracia. Gracia que llega a un Mefiboset que había perdido todo. Gracia que, como hemos visto, puede alcanzar a reyes y a prostitutas por igual.

La misma Gracia que hoy está disponible para quienes han abandonado el barco de la esperanza. Que está al alcance de aquellos que viven en el valle de los sueños rotos.

Gracia que no tiene limitaciones ni condiciones. El único requisito es estar dispuestos a recibirla.

Una Gracia que nos extiende la mano y nos rescata, incluso del pozo más profundo en el que podamos encontrarnos.

LA GRACIA NO TIENE LIMITACIONES NI CONDICIONES. EL ÚNICO REQUISITO ES ESTAR DISPUESTOS A RECIBIRLA.

En un mundo donde tenemos un menú repleto de opciones para "satisfacer nuestras necesidades", y donde muchas veces nos confundimos y buscamos "ser felices" como si esta fuera la causa mayor de nuestras vidas; en un mundo en el que vivimos corriendo de una cosa a la otra, tratando de encontrar algo que llene nuestras expectativas, o intentando descubrir el camino que nos lleve a cumplir nuestros sueños, o siguiendo los impulsos engañosos de nuestro corazón... En este mundo, la Gracia irrumpe, y nos ofrece un menú sencillo pero completo: nos propone abrazarla con fe, incluso aunque no la merezcamos, y dando nuestra vida por su causa. A cambio nos ofrece la vida eterna.

Si lo viéramos como un negocio, este sería el mejor negocio que podríamos encontrar, porque el accionista mayor ya puso todo el capital necesario: su propia vida. Si fuera una oportunidad, sería una oportunidad única que, sin embargo, no se cansa de golpear la puerta de nuestros corazones, deseosa de que nos decidamos a abrirle. Si fuera un empleo, sería el empleo con la mejor recompensa del mundo, en donde el jefe ya puso los recursos, ya completó las horas de trabajo y solo nos queda ir a cobrar el salario.

Sin embargo, es mucho más que todo eso junto. La Gracia es un regalo. Es el producto del sacrificio completo de Jesús. Aquel que ya estaba desde antes de la fundación del mundo, y que estará sentado a la diestra del Padre por la eternidad. Aquel que sabe lo que es mejor para ti y para mí, y que con sus brazos extendidos en la cruz nos ofreció el abrazo más grande de todos.

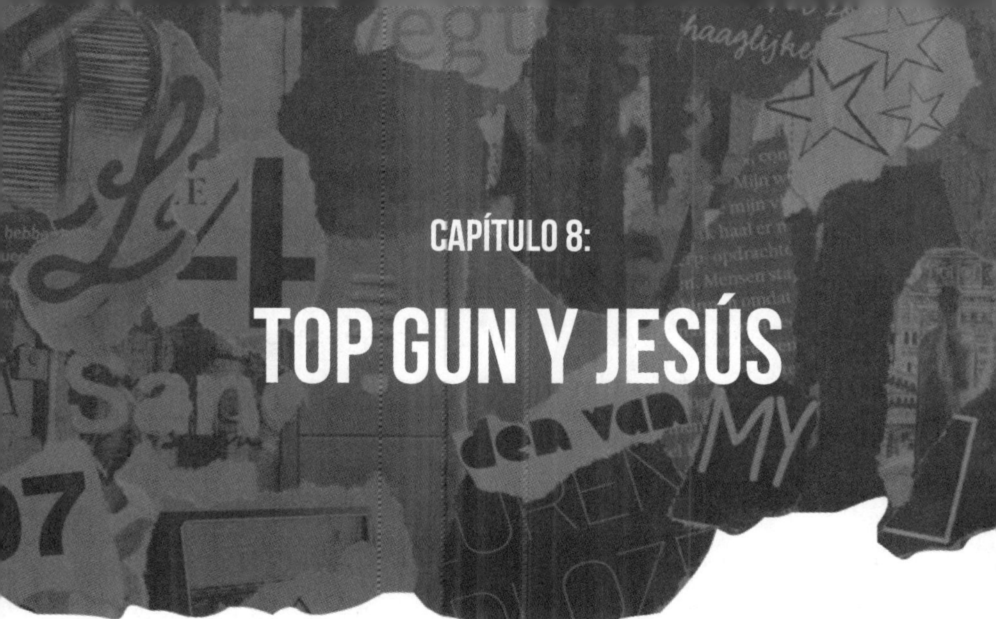

CAPÍTULO 8:

TOP GUN Y JESÚS

Advierto que en las páginas que siguen puede haber cierto tipo de spoiler para quienes aún no hayan visto la película *Top Gun: Maverick.* En esa película, los mejores pilotos están siendo entrenados para una misión que podría costarles la vida: tienen que lograr destruir una planta de Uranio que es un peligro para la humanidad.

La escuela *Top Gun* ha reabierto exclusivamente para esta misión. Los pilotos tienen que poder pilotear en tiempo récord, a una velocidad a la que no están acostumbrados, a una distancia del suelo a la que nunca han volado, y con una precisión que requiere de dos milagros seguidos: deben acertar en el blanco en dos oportunidades, de corrido, y sin margen de error.

Esa es la primera parte del desafío. La segunda consiste en el escape: una vez concretados los dos milagros y cumplida la misión, el operativo de volver a las bases requiere el uso de todas sus habilidades al límite, y bajo el riesgo de ser interceptados por los misiles que detectarían su presencia una vez el tiempo se agotara.

Todo esto no solamente es difícil. Hay un pequeñísimo problema: nadie ha logrado semejante hazaña antes. Precisamente por eso es que están siendo entrenados, hasta el momento, sin éxito. Ninguno logra pasar los simulacros dentro de los parámetros exigidos. De repente, algo sucede. El capitán Mitchell decide dejar de lado la teoría, y demostrar en la práctica que lo que está exigiendo en cada entrenamiento es realmente posible. Si él logra hacerlo, entonces significa que la hazaña es humanamente posible. Mientras los alumnos están siendo apalabrados por el vicealmirante Beau Simpson, el capitán Mitchell, alias "Maverick", sube a uno de los aviones e inicia el simulador de práctica. Todos los alumnos están viéndolo. Mitchell solicita que el cronómetro marque dos minutos y quince segundos; ¡estos son quince segundos menos de lo que venían practicando para la hazaña! Ante el asombro de todos, incluido el vicealmirante Beau, Maverick logra completar la misión, superando todos los límites antes de los dos minutos y quince segundos. La práctica acompaña a la teoría, y esto solo significa una cosa: que lo que se les está exigiendo a los mejores pilotos de la escuela *Top Gun* es posible, es realizable. Es sumamente difícil, sí, pero si alguien lo puede hacer exitosamente, entonces ya nadie podrá decir que la misión es imposible. De manera que si el capitán Mitchell pudo hacerlo, también pueden lograrlo los mejores pilotos de la escuela *Top Gun*. ¡Después de todo, por algo es que están allí!

Esta historia me hace pensar en Jesús, porque Él también sabía que no podía estar enseñando algo que Él mismo no pudiese hacer o cumplir. Lo que Él exigía, tenía que estar dispuesto a hacerlo, y lo hizo. ¡Qué maravilloso es saber que nosotros tenemos a Alguien que no consideró su divinidad como algo a que aferrarse, sino que se hizo hombre para mostrarnos en la práctica todo lo que vino a enseñarnos!

> *"...aunque él era igual a Dios, no consideró esa igualdad como algo a qué aferrarse. Al contrario, por su propia voluntad se rebajó, tomó la naturaleza de esclavo y de esa manera se hizo semejante a los seres humanos. Al hacerse hombre, se humilló a sí mismo y se hizo obediente hasta la muerte, ¡y muerte en la cruz!".* **Filipenses 2:6–8**

Si algo podemos aprender de la película *Top Gun: Maverick*, es que no hay mejor ejemplo que el de la acción. Así como lo demostró Jesús, que se hizo hombre, humillándose a sí mismo y siendo obediente hasta la muerte. En Jesús podemos encontrar a alguien que fue tentado así como nosotros somos tentados (aunque, claro, Él nunca pecó). Alguien que puede comprender sin juzgarnos cuando las cosas nos resultan difíciles. Alguien que puede entender nuestros fracasos y nuestras caídas.

"En Jesús, el Hijo de Dios, tenemos un gran sumo sacerdote que subió al mismo cielo. Por eso, debemos seguir confiando en él. Nuestro sumo sacerdote entiende nuestras debilidades, porque él mismo experimentó nuestras tentaciones, si bien es cierto que nunca cometió pecado. Acerquémonos, pues, confiadamente al trono del Dios de amor, para encontrar allí misericordia y gracia en el momento en que las necesitemos".
Hebreos 4:14–16

En Jesús tenemos a una persona que no solamente puede decirnos que nos entiende, sino que voluntariamente se hizo carne para pasar exactamente por lo mismo que pasamos nosotros. Jesús sintió el dolor de la muerte de un ser querido, sufrió humillaciones y persecución, fue rechazado y se burlaron de Él en innumerables ocasiones. En un momento, hasta le pidió a su Padre Celestial que lo dispensara de tanto sufrimiento, pero sin embargo, por amor a nosotros, Él se sometió obedientemente hasta el final, hasta su propia muerte. ¿Quién mejor que Él para entender cada momento difícil que atravesamos en nuestras vidas?

¿Hay alguna enfermedad que te cause dolor? Él conoce todas las etapas de una enfermedad.

¿Te atormenta alguna tentación que crees insuperable? Él sabe cómo manejarla. Él fue probado en todo.

¿Sufriste la pérdida de un ser querido? Él también, y conoce como se siente la angustia en el corazón.

¿Te humillaron o se burlaron de ti? Jesús es experto en sufrir ese tipo de cosas.

¿Estás lidiando con el dolor del rechazo? A Él no solo lo rechazaron, sino que lo sentenciaron a muerte a cambio de liberar a un asesino.

¿Te abruman sentimientos de soledad? Jesús también sabe cómo lidiar con eso. Su primera tesis sobre esto la hizo estando solo durante cuarenta días en el desierto.

¿Estás triste o angustiado? El pasó por lo mismo muchas veces.

¿Tienes pensamientos de incertidumbre, o sientes que quieres rendirte? Él le pidió a Dios que si era posible le evitara el sufrimiento de la cruz, pero luego fue capaz de aceptar hasta el final la voluntad de su Padre.

Nada, absolutamente nada de lo que podamos atravesar, le es ajeno a Jesús. Él atravesó y padeció cada una de las necesidades del ser humano y aún más, al llegar a ser crucificado. Acercarnos confiadamente ante su trono de Gracia es entender que no existe sentimiento ni situación que pueda escapar de su comprensión, y que tenemos un sumo sacerdote que intercede a nuestro favor habiendo sido hombre como nosotros.

Jesús es nuestro modelo a seguir. Y debemos mirarle a Él considerando su vida entera, no solo la cruz. Reducir a Jesús solamente al momento de su sacrificio y su sufrimiento es una injusticia enorme. Por supuesto que su muerte y resurrección son el motivo de nuestra salvación, pero es el ejemplo de su vida entera el que debería guiar nuestra propia vida. Cuando era niño, Él era un niño obediente, curioso y respetuoso de sus padres. A medida que crecía, las personas se maravillaban de cómo iba progresando en sabiduría, y a los 12 años ya hablaba con maestros de la ley y les respondía a lo que le preguntaban. Jesús fue una persona que nos marcó un modelo de vida como ningún otro, y lo que nos dejó fue mucho más que palabras y parábolas, ya que también fue un ejemplo con sus acciones.

Algunos dirán: "Pero claro, para Él habrá sido mucho más fácil, ya que era hombre pero también era 100% Dios". Aunque esto es cierto, Jesús fue también 100% humano, y su humanidad no anulaba su divinidad, así como su divinidad no anulaba su humanidad. Su condición de hombre nos enseña que no hay ninguna situación que nosotros padezcamos que Él no pueda entender, y su condición de Dios nos brinda la garantía de que todo lo que consiguió vencer, incluso la misma muerte, no puede ser revocado.

Jesús fue el hombre que marcó un antes y un después en la historia de la humanidad, despojándose de su divinidad para venir a este mundo a padecer todo, absolutamente todo lo que humanamente alguien puede sufrir... y lo hizo por amor. La academia *Top Gun* se encarga de enseñar para producir los mejores pilotos de combate. La academia de Jesús se encarga de enseñar para producir los mejores hombres y mujeres, que impacten cada ámbito de este mundo y lo cambien radicalmente.

Cuando Jesús llamó a aquellos de sus discípulos que eran pescadores, los invitó a que lo siguieran diciéndoles que les enseñaría a ser pescadores de hombres. A mí me gusta imaginar que Jesús sigue caminando. Se encuentra con un arquitecto y lo invita a seguirlo, diciéndole que le enseñará a diseñar el camino hacia la Gracia. Luego se encuentra con un doctor, le extiende la mano y le dice que Él puede enseñarle cómo ayudar a las personas a que tengan vida eterna. Sigue caminando y se encuentra con un abogado, y le propone enseñarle cómo ganar almas aun si perdiese todos los juicios que lleva en la tierra, revelándole el mejor de todos casos que un abogado pudiese llevar: el caso de Cristo. Luego se cruza con un periodista, y se ofrece a enseñarle cómo ser el mejor comunicador, llevando al mundo el mejor mensaje de todos los tiempos.

Así puede hacer Jesús con cada uno de nosotros y en cada una de nuestras profesiones. Ingresar a la academia de Jesús es estar dispuestos a ser enseñados para ser los mejores en lo que sea que hagamos. Claro que eso requiere que estemos dispuestos a renunciar a la forma en que hemos vivido siempre. Para llegar a la excelencia se necesita renunciar a otras cosas. Jesús lo sabía muy bien. Acompáñame a leer esta parte de la enseñanza que nos deja Efesios 4:17–24:

"Por eso les digo e insisto de parte del Señor que no vivan ya como los paganos: ciegos y confundidos. Ellos tienen nublada la mente y desconocen la vida que viene de Dios. Esto se debe a que son ignorantes y han endurecido su corazón. Así, después de haber perdido la vergüenza, se han entregado sin freno alguno a cometer toda clase de inmoralidades. A pesar de que hacen cuanta maldad les viene en gana, nunca están satisfechos. ¡Pero eso no es lo que ustedes aprendieron acerca de Cristo! Si de veras han escuchado acerca del Señor y han aprendido a vivir como él, saben que la verdad está en Jesús. Por ello, quítense, como si se tratara de ropa vieja, su naturaleza tan corrompida por los malos deseos. Renueven sus actitudes y pensamientos; sí, revístanse de la nueva naturaleza que Dios creó, para que sean como él, verdaderamente justos e íntegros".

Debo admitir que por mucho tiempo estos versículos me generaban rechazo. Leerlos era como estar leyendo las condiciones para alcanzar algo, y cuando sentimos que algo nos condiciona, nos cuesta pensar que somos libres. Pero creo que Dios fue muy paciente conmigo (y lo sigue siendo), y con sus lazos de amor, de a poco me fue enseñando que mi corazón duro tenía que ver con el orgullo y la religiosidad, y con no entender realmente lo que significa ser transformado por la Gracia. Entonces el Señor me llevó a pensar en mi niñez, cuando mis padres "me limitaban" porque no me permitían tocar los enchufes estando descalzo, o luego de salir mojado después de una ducha. ¿Acaso yo perdía mi libertad por obedecer a mis padres y no meter los dedos en el enchufe? No, simplemente estaba usando mi libertad con sabiduría. Después el Señor me recordó que cuando empecé a tomar clases de atletismo, una de las primeras correcciones que me hizo mi entrenador fue la postura que tenía al correr. Me dijo que necesitaba elevar mis rodillas a la altura de la cintura, mirar hacia el frente y doblar los brazos a noventa grados para moverlos durante la carrera. Al principio esa postura me incomodaba, y me costó realmente mucho eliminar mis viejos hábitos de correr "como yo quería", pero al poco tiempo me di cuenta de que esos parámetros no existían porque el entrenador quisiera complicar los entrenamientos y amargarme la vida. Existían porque bajo esos parámetros, y posicionando el cuerpo de la forma correcta, yo podría correr más rápido, mucho más rápido de lo que corría antes. Así, con ejemplos cotidianos, fui entendiendo de a poco que cuando Dios nos habla de "dejar una antigua forma de vivir" no es para condicionarnos, sino para protegernos o para hacernos correr más rápido. Además, si toda la Escritura fue inspirada por Dios, y a lo largo de todos los textos que encontramos vemos que Dios siempre buscó lo mejor para sus hijos, y que cada promesa que hizo la cumplió, entonces no tengo motivos para pensar que lo que me pide sea para perjuicio mío. ¡Al contrario, puedo estar seguro de que será para mi bien!

Una vez que ingresamos a la academia de Jesús y escuchamos sus enseñanzas, necesitamos transformar nuestra mente y nuestros corazones para adoptar un nuevo estilo de vida. Seguramente nuestra forma de vivir sin Él ya fue demasiado dañina, y no necesitamos de muchos ejemplos para confirmar esa realidad. Al ingresar a la academia, entonces, nos encontraremos con un cartel con las siguientes reglas de conducta:

CUANDO DIOS NOS HABLA DE "DEJAR UNA ANTIGUA FORMA DE VIVIR" NO ES PARA CONDICIONARNOS, SINO PARA PROTEGERNOS.

"En esta academia, y fuera de ella, digamos siempre la verdad. A los que mienten, dejen de mentir. No permanezcamos enojados mucho tiempo, sino tratemos siempre de llevar las cosas en paz. Si hubiera algo que nos molesta, no dejemos que termine el día sin solucionar un conflicto entre nosotros. Apliquemos esa norma en nuestras casas y en cualquier relación que llevemos fuera de la academia. A los que roban, dejen de robar. Usen sus manos para sostener un trabajo digno y recibir la recompensa por su

trabajo. La gratificación y la satisfacción que obtendremos por hacer eso será mucho más grande que la de apropiarnos de algo que no es nuestro. Tratemos de que nuestra forma de hablar no sea ofensiva, y si vamos a hablar, que sea para algo útil. Antes de ingresar a la academia, desechemos toda amargura, todo rencor, todo mal hábito y mala conducta. Esforcémonos en ser amables unos con otros. No olvidemos que todo lo que hagamos dentro y fuera de esta academia debemos hacerlo con amor genuino. Y por último, pero como regla principal, perdonémonos los unos a los otros, así como Dios nos ha perdonado por medio de Cristo. ¡BIENVENIDOS!".

No parece algo imposible de aplicar, ¿verdad? Quizás sea la última parte la que más nos cuesta a todos, ¡pero es la más importante! Debemos perdonar a los demás, así como Dios nos ha perdonado a nosotros.

Ahora, hay una buena y una mala noticia sobre todo esto. La buena noticia es que Jesús, el Maestro principal de la academia, al hacerse hombre como nosotros pasó por absolutamente todo lo que nosotros pasamos, y por lo tanto sabemos que es posible realizar lo que nos pide. La mala noticia es que Jesús, el Maestro principal de la academia, al hacerse hombre como nosotros pasó por absolutamente todo lo que nosotros pasamos, y por lo tanto no tenemos excusas. Maravilloso, ¿verdad? ¡Estoy seguro de que se ha dibujado una sonrisa en tu rostro!

Yo imagino que si el capitán Mitchell se encontrara con Jesús tendría muchas preguntas para hacerle, pero sobre todo muchas palabras de admiración hacia Él. Porque Jesús, el mismo hombre que con su sacrificio nos envolvió en un manto de Gracia para que pudiéramos alcanzar la salvación, fue un hombre que ya mucho tiempo atrás demostró que para enseñar algo hay que ser capaz de hacerlo uno mismo.

CAPÍTULO 9:

LA PARÁBOLA QUE LLEGÓ A HOLLYWOOD

Corre el año 1944. Pocos días después de la invasión de Normandía, en el Departamento de Guerra de los Estados Unidos, al general George Marshall le informan que tres de los cuatro hermanos de la familia Ryan han muerto en combate, y que su madre recibirá la desgarradora noticia de que perdió a tres de sus hijos al mismo tiempo. El caso conmueve al General, y entonces decide disponer de todos los recursos posibles para intentar una arriesgada misión: rescatar al único hijo de esta mujer que aún está en el frente de batalla. El camino hasta encontrarlo no va a ser sencillo, y ni siquiera hay muchas garantías de que aún esté con vida. Sobre todo porque el cuarto hijo, el soldado James Ryan, se encuentra en ese momento desaparecido en algún rincón de Normandía. La orden del general Marshall es que encuentren al soldado James Ryan como sea y lo traigan con vida de regreso a casa. El capitán John H. Miller, interpretado por Tom Hanks, es quien recibe la orden, y organiza un escuadrón especial para rescatar al soldado Ryan. Ellos deben sortear emboscadas y esquivar balas y granadas para poder llegar hasta Ryan, a quien finalmente encuentran defendiendo un puente en Ramelle. Se trata de una misión sangrienta, que le cuesta la vida a varios integrantes del escuadrón. Cuando el grupo sobreviviente llega a Ramelle, ellos le cuentan a James Ryan que han venido con la misión de llevarlo de vuelta a casa sano y salvo, porque sus otros tres hermanos murieron. Ryan se entristece por la muerte de sus hermanos, pero no quiere abandonar a sus compañeros de batalla, y se rehúsa a dejar la línea de combate. Le pide al capitán Miller que le diga a su madre que "cuando me encontraron, estaba aquí con los únicos hermanos que me quedaban". El capitán Miller decide entonces hacerse cargo de la cobertura del puente que Ryan protegía para así poderlo llevarlo de regreso a casa junto a su madre. Justo en ese momento, Miller es herido de muerte, al igual que varios de sus soldados. Ryan se acerca al capitán Miller para agradecerle y escuchar sus últimas palabras. Antes de morir, este suspira y le dice: "James, sé digno de esto, gánatelo".

La primera vez que vi esta película me pareció que todo era muy injusto. No podía comprender que se hiciera tanto esfuerzo por salvar a un solo soldado, con todas esas vidas que se iban perdiendo en el camino. Me parecía injusto por esas vidas, e injusto por los demás soldados que estaban en batalla y que también estaban dando sus vidas al servicio de su nación. El escuadrón del capitán Miller estaba dispuesto a salvar la vida de un soldado utilizando todos los medios posibles, pero al mismo tiempo otros estaban muriendo por rescatar esa vida... ¿cuál era el criterio para tomar semejante decisión? ¿Y por qué tantas personas estuvieron dispuestas a morir por el rescate de otra persona?

La respuesta no me vino de inmediato. Me quedé con la pregunta dándome vueltas en la cabeza por varios días, hasta que algo hizo "clic". Gracia... No había otra explicación. La única manera de entender por qué se había conformado un equipo especial de rescate para salvar una vida al mismo tiempo que se estaban arriesgando otras, era la gracia. De hecho, hasta el mismo Ryan pensó que era injusto que tuvieran que poner sus vidas en riesgo de muerte por intentar salvarlo a él. Quizás lo único que podría argumentarse a favor de esta idea es que una madre no perdiera a todos sus hijos en combate. Que al menos lograra conservar uno, y de esa forma poder abrazar la vida en medio de la desesperanza, el llanto y el duelo. Porque algo está claro: la vida de Ryan no era más valiosa que la vida de cualquier otro soldado que se encontraba en la línea de batalla. Sin embargo, a él lo rescataron y lo llevaron a casa, y su salvación costó muchas vidas.

Ese primer "clic" en mi cabeza desencadenó un segundo "clic" que me llevó a la parábola de la oveja perdida, en la que el pastor deja a las otras noventa y nueve y va en rescate de esa única oveja que se ha extraviado:

> *"Entonces él les contó esta parábola: «Supongamos que uno de ustedes tiene cien ovejas y una de ellas se le pierde. ¿No deja las otras noventa y nueve en el campo y se va a buscar la oveja perdida hasta encontrarla? Y cuando la encuentra, lleno de alegría la pone sobre sus hombros y vuelve a la casa. Después, reúne a sus amigos y a sus vecinos y les dice: 'Alégrense conmigo porque ya encontré la oveja que había perdido'. Les digo que lo mismo pasa en el cielo: hay más alegría por un pecador que se arrepiente que por noventa y nueve justos que no necesitan arrepentirse... »".*
> **Lucas 15:3–7**

Cuando leo sobre este pastor que está dispuesto a dejar a las otras noventa y nueve ovejas para salir corriendo en busca de esa única que se ha perdido, de nuevo lo primero que me surge es el sentimiento de injusticia respecto a la valoración que se hace de una vida contra las demás. Sin embargo, creo que siempre que leímos esta parábola la entendimos mal... Creo que nos confundimos de personaje, creyendo que somos parte de aquellas noventa y nueve que han sido abandonadas por su pastor, cuando en realidad cada uno de nosotros es esa oveja perdida que el pastor sale a rescatar. Es allí cuando cambia la perspectiva.

CADA UNO DE NOSOTROS ES ESA OVEJA PERDIDA QUE EL PASTOR SALE A RESCATAR.

Cambia el panorama. Cambia el sentido de justicia. Cuando comprendemos esto podemos mirar al cielo y agradecer en vez de reprochar. Podemos dejar de cuestionar por qué el pastor salió en rescate de una sola, y abrazar la Gracia, entendiendo que Él dejó su lugar para llegar hasta nosotros y salvarnos. Nunca fuimos parte de las que estaban en el corral. Siempre fuimos aquella a la que el pastor sale a buscar y rescatar.

Y aun comprendiendo esto, si lo miramos con nuestros ojos como lo hizo Ryan, no tardaríamos en creer que es injusto que el pastor venga a rescatarnos. Además, seguramente pensaríamos que debemos esforzarnos para merecer semejante sacrifico. Porque nuestra vara para medir lo que es "justo" tiende a comportarse de maneras variadas de acuerdo a nuestras emociones. Sin embargo, la vara de justicia de Dios es la misma que utiliza para el mundo entero. Me puede gustar o no, puedo creer en ella o no, pero su medida de justicia es una sola, sin variaciones. Y no tenemos que seguir defendiendo una posición ante algún ataque enemigo, como lo hacía Ryan, para ganarnos el rescate. Nada de lo que hagamos, y nada de lo que dejemos de hacer, puede cambiar la decisión de Jesús de sacrificarse por nosotros. Lo que sí está en nuestras manos es darle a ese sacrificio el valor que merece. No podemos ser dignos de merecer su sacrificio, ni ganarlo con nuestras acciones, como sugerían las últimas palabras del capitán Miller a Ryan, pero sí podemos vivir una vida que le dé honra a quien dio su vida por nosotros.

> *"Por su misericordia y por medio de la fe, ustedes son salvos. No es por nada que ustedes hayan hecho. La salvación es un regalo de Dios y no se obtiene haciendo el bien. Esto es así para que nadie se sienta orgulloso. Somos creación de Dios, creados en Cristo Jesús para hacer las buenas obras que Dios de antemano ya había planeado".*
>
> **Efesios 2:8–10**

Nuestra forma de vivir debería ser la consecuencia de haber sido salvos, y no el intento por alcanzar la salvación. La Gracia que hemos recibido debe ser reflejada en todo lo que hagamos. Desde esa perspectiva, deberíamos preguntarnos cada día: ¿es mi vida un reflejo de ese sacrificio? ¿Estoy honrando con mi forma de vivir esa Gracia que me alcanzó?

Escuché la siguiente historia en un congreso al que asistí en Colombia hace unos años. Bob Moffit contaba que un amigo suyo se había enterado de que en un monasterio budista tenían escasez de comida, así que compró una bolsa de arroz y fue hasta el monasterio. Tocó la puerta, y lo recibió un monje budista que le preguntó a qué se debía su visita. Este hombre, parado frente a la puerta del monasterio, le respondió que se había enterado de que estaban con escasez de comida y había decidido llevarles arroz. El monje, sorprendido, le preguntó si acaso él no era cristiano y estaba intentando convertirlo. El hombre respondió que sí, que era cristiano, pero que no estaba intentando convertirlo ni predicarle, sino que sencillamente había ido a llevarles comida. Antes de despedirse, el hombre amablemente le preguntó si había algo más en lo que pudiera ayudarles. El monje se detuvo a pensar por un momento y luego lo miró y le dijo: "Sí, hay unas letrinas sucias que necesitan limpieza".

"¿Cuándo puedo empezar?", respondió el hombre. El monje le dijo que podía comenzar al día siguiente si así lo quería. Al día siguiente llegó el hombre nuevamente, con unos jóvenes que lo acompañaron, y empezaron a limpiar las letrinas del monasterio budista. Cuando el segundo líder del monasterio vio lo que hacían, se acercó a él y le dijo: "Necesito aprender a amar de la forma en que ustedes aman". ¡Y ese fue el momento perfecto para presentarle a Jesús!

El amor no llega para intentar "convertir" nada. No necesita forzar ningún cambio. El amor convierte, por efecto propio y natural.

Nuestras vidas han sido salvadas por un alto precio: la vida de un hombre que lo dio todo por amor y a favor de nuestro rescate. ¿Cómo no intentar vivir de tal manera que su amor se vea reflejado en nuestras vidas? ¿Cómo no buscar que su amor tan abundante pueda manifestarse en cada acción que decidamos llevar a cabo?

Cada uno de nosotros es esa oveja perdida. Cada uno de nosotros es Ryan en medio de la batalla. Y Dios mandó a Jesús en rescate por nuestras vidas. Jesús tuvo que sufrir no solo la adversidad y las injusticias, sino el rechazo y la peor de las muertes, y lo hizo todo por amor.

> *"De la abundancia que hay en él, todos hemos recibido bendición sobre bendición. Por medio de Moisés recibimos la ley mientras que por medio de Jesucristo recibimos el amor y la verdad".*
> **Juan 1:16–17**

A través del sacrificio de Jesús hemos recibido su amor y su verdad. Y esta es una verdad que trae libertad. Sin embargo, creo que hemos malinterpretado las palabras de Jesús cuando dijo que la verdad nos hace libres. No es andar diciendo la verdad y no mentir lo que nos hace libres (aunque ciertamente es liberador decir siempre la verdad, en lugar de condenarnos con nuestras propias mentiras). Pero Jesús se refería a sí mismo, al Hijo de Dios que vino a traer libertad a los que estaban cautivos. Jesús es la verdad, y encontrarnos con Él es ser verdaderamente libres. Es por eso que cuando Jesús les hablaba a las personas acerca de esta verdad, ellos no lo entendían:

> *"Entonces Jesús les dijo a los judíos que creyeron en él: Si ustedes se mantienen obedientes a mis enseñanzas, serán de verdad mis discípulos. Entonces conocerán la verdad, y la verdad los hará libres.*
> *Ellos le contestaron:*

Nosotros somos descendientes de Abraham y nunca hemos sido esclavos de nadie. ¿Qué quieres decir con eso de que seremos libres?
Jesús respondió:
Es bien cierto que el que peca es esclavo del pecado. El esclavo no se queda para siempre en la familia; el hijo, en cambio, sí se queda para siempre en la familia. Así que si el Hijo los libera, serán libres de verdad".
Juan 8:31-36

Jesús nos dio una libertad verdadera y un rescate completo. No fue solamente una misión arriesgada y peligrosa como la del escuadrón especial comandado por el capitán Miller para llevar al soldado Ryan a su casa. Fue la única misión en el mundo capaz de lograr no solo el rescate de nuestras vidas, sino la libertad de nuestras almas y el regalo de la vida eterna. Fue el combo completo.

Y así como el soldado Ryan no hizo nada para merecer su rescate, nosotros no hicimos absolutamente nada para merecer el sacrificio de Jesús, que vino a intercambiar su vida por las nuestras. Una vez más, fue solamente por su Gracia. Esa Gracia que alcanza a reyes, a prostitutas, a soldados... y también a personas comunes y corrientes como tú y yo.

CAPÍTULO 10:

FIGURAS SOBRE LA ARENA

Probablemente no exista una sensación más relajante en el mundo entero que caminar descalzos por alguna de las bellísimas playas que diseñó el Creador. La marea va y viene, las olas descansan en la orilla, toman un poco de aire y luego regresan al mar.

En especial, caminar por la orilla sobre los rastros que acaba de dejar el mar es una experiencia hermosa. Cada huella nuestra es cubierta en seguida por una capa de agua salada que llega con el oleaje y se retira suavemente, permitiendo que quienes vuelvan a caminar por allí dejen nuevas huellas.

En esos sitios paradisíacos no pueden faltar, además, los castillos de arena, construidos por los mejores arquitectos infantiles que, con un balde y una pala, le dan vida a sus mejores ilusiones. Pocas cosas son tan fuertes como el deseo de un niño (que incluso cuando somos adultos no desaparece) con ganas de ensuciarse las manos con la arena y el agua salada, y desafiar a cualquiera que se anime a aceptar el desafío, a construir el más grande y esplendoroso castillo.

Pero en la arena no solo encontramos castillos y huellas de quienes pasaron por allí antes. También encontramos nombres, dibujos y hasta algunos poemas o mensajes de amor. Es como si la arena nos invitase siempre a escribir sobre ella, a dejar una parte de nuestros corazones allí. No importa que desaparezcan con el oleaje o el viento. Nada opaca el placer de haber trazado al menos un garabato con nuestros propios dedos.

Jesús también escribió sobre la tierra una vez, en un momento en donde la situación no era ni relajante ni tranquila, ni se encontraba en un lugar paradisiaco. Sin embargo, allí estaba él, trazando algunos garabatos en el suelo. A veces me gusta imaginar teorías acerca de lo que pudo haber escrito allí. Quizás alguna frase que iba escuchando de los fariseos, o algún sentimiento que le generaba ese momento en particular. O tal vez pudo haber dejado allí alguna obra de arte abstracta, sin letras ni objetos identificables, simplemente por el mero placer de sentir la tierra entre sus dedos.

La escena era tensa. Habían llegado junto a Él unos estrictos maestros de la ley que habían encontrado a una mujer en el mismo acto del adulterio. También tengo ciertos cuestionamientos sobre eso. ¿Qué habían hecho ellos como para encontrar en adulterio a dos personas? ¿Y qué ocurría con el hombre, si también se lo encontró en el mismo acto pecaminoso? Sea como fuere, allí estaban estos hombres que se erigían como jueces, la acusada y el Salvador. Todos en el mismo lugar, todos en la misma escena, esperando ver qué diría este hombre que estaba dibujando sobre la tierra.

"La hemos encontrado pecando", exclamaron ellos, mientras Jesús garabateaba quién sabe qué cosa (yo me lo imagino con una media sonrisa, mientras escuchaba las voces que juzgaban). Un breve silencio invadió el lugar, y así como en la actualidad se empieza a escuchar el tic tac de un reloj, allí se empezaron a escuchar los suspiros de los presentes y, con mayor agitación, la respiración de la mujer que estaba aguardando su sentencia, es decir, esperando ser apedreada.

Entonces Jesús inclinó levemente su mirada y, sin despegar sus dedos de la tierra, desató la controversia, diciendo: "Adelante, el que no sea un pecador, que empiece tirando la primera piedra". Un segundo más tarde se escuchó el ruido de algunas piedras que caían al suelo, al tiempo que las personas intercambiaban miradas de confusión. Las piedras, que habían estado aguardando en las manos de quienes se disponían a apedrear a la mujer, iban cayendo una a una, y los hombres que habían encontrado a la mujer en pecado empezaron a abandonar el lugar. Ninguna piedra golpeó el cuerpo de la mujer adúltera, sino que todas terminaron en el suelo. En ese mismo suelo en el que, con sus dedos, estaba garabateando Jesús.

Jesús entonces volvió a levantar la mirada, y esta vez también levantó las manos, y con brazos abiertos le preguntó la mujer: "¿Ninguno de ellos te ha condenado?". "Ninguno," respondió sorprendida la mujer, "todos se han ido". "Tampoco yo te condeno", le dijo Jesús. "Vete y no vuelvas a pecar...".

Muchas veces a lo largo de su vida distintas personas buscaron la forma de encontrar alguna sentencia en las palabras de Jesús que pudieran usar en su contra para acusarlo. Pero todas las veces Jesús tuvo una mejor respuesta. En este caso le habían llevado a una mujer que había sido sorprendida en el mismo acto de adulterio para escuchar la condena de Jesús, pero ellos no se daban cuenta de que Él estaba allí para liberarlos de la esclavitud de la ley, y no para condenarlos por sus prácticas. Esto no quiere decir que

Jesús fuera permisivo ni tolerante con el pecado. Él no intentó minimizar las consecuencias del pecado. De hecho, más adelante, en el capítulo 8 de Juan, leemos lo siguiente:

> *"Jesús les dijo una vez más:*
> *Yo me voy, y ustedes me buscarán, pero morirán en su pecado. A donde yo voy, ustedes no pueden ir".*
> **Juan 8:21**

> *"Jesús continuó diciendo:*
> *Ustedes son de aquí abajo; yo soy de allá arriba. Ustedes son de este mundo; yo no soy de este mundo. Por eso les dije que morirán en sus pecados. Pues si no creen que yo soy el que afirmo ser, morirán en sus pecados".*
> **Juan 8:23-24**

En otras palabras, Jesús les estaba diciendo: "Ustedes creen que por cumplir la ley están exentos de la condena, pero morirán en sus pecados a menos que crean en mí". La oferta de la Gracia estaba ahí, sobre la mesa, disponible para quien quisiera tomarla y creer, pero lamentablemente muchos de estos maestros de la ley prefirieron creer que se santificaban y se salvaban cumpliendo con la ley y desechando a Jesús. Por eso Jesús se encargó de dejar bien claro que nada de lo que podamos hacer puede construir un puente hacia la eternidad. Solo la Gracia nos salva, a través de la fe. No hay otra forma.

Recuerdo que cuando yo era niño hacía cosas terribles. De esas que luego cuando creces intentas entender, pero por más que tratas de recordar qué había en tu cabeza en ese momento, nunca consigues obtener una respuesta clara. Son cosas que solo se explican por la locura o la irracionalidad que puede tener un niño pequeño. Lo cierto es que en una ocasión mi abuela nos había regalado una bolsa llena de caracolitos de playa, de esos que se recogen en la orilla. ¡Toda una colección de caracoles solo para mis hermanos y yo! Tenían distintos tamaños y colores, y eran realmente fascinantes. Había algunos más grandes que se podían usar de teléfono para escuchar los mensajes de las olas todas las veces que quisiéramos. Había otros más pequeños que servían de adornos. Pero todos ellos habían llegado desde de alguna orilla muy lejana hasta a mi casa, y esa idea a mí me emocionaba.

Pero no todo era poesía: los caracoles también servían para la acción. Uno de esos días en los que, evidentemente, no tenía nada que hacer, por pura diversión maquiavélica de niño, se me ocurrió agarrar algunos caracoles de la bolsa, subirme al balcón de la casa, y comenzar a arrojarlos a los automóviles que pasaban. Por supuesto, tuve que hacer cómplice a mi hermana de la pequeña travesura. Claramente, no dimensionamos bien lo que estábamos haciendo, ni el riesgo que implicaba arrojar caracoles intentando que impacten en los automóviles. Y una vez que empezamos a hacerlo, la adrenalina nos impidió parar, hasta que escuchamos el sonido de un vidrio agrietado. Yo había lanzado un caracol en una curva perfecta, digna del mejor lanzador de béisbol, y este había impactado en el espejo retrovisor de un automóvil que justo pasaba por allí. No nos percatamos al principio, pero el auto había frenado. A través del espejo retrovisor roto, el hombre que conducía el auto nos había visto allí en el balcón. Era imposible disimular que éramos los culpables del delito. El hombre apretó un botón que hizo descender su ventanilla, sacó su brazo izquierdo, y nos señaló con el dedo índice mientras gritaba con voz de Grinch: "¡Ustedes!".

Habíamos sido descubiertos, y ese hombre sabía dónde vivíamos. No teníamos escapatoria. Entonces hicimos lo que todos los niños hacen cuando cometen alguna imprudencia: nos escondimos en el baño. Desde allí escuchamos el sonido del timbre, y ya podíamos imaginar las palabras del hombre enojado pidiendo que nos encarcelaran por el delito cometido. Pasaron unos minutos y, contrario a lo que esperábamos, no había gritos, ni sirenas de policía. Era puro silencio. Algo no cuadraba. Abrimos la puerta del baño sigilosamente y asomamos nuestras diminutas pero duras cabezas para intentar averiguar qué era lo que estaba pasando. Nada. No logramos ver nada. En un acto de valentía, decidimos encarar la situación y abandonar nuestro escondite. Una vez fuera, divisamos a nuestra madre, que justo en ese instante entraba a la casa. Lo primero que escuchamos fue: "¿Qué pasó?".

El hombre le había contado que había dos niños que estaban arrojando objetos desde el balcón, y que uno de esos objetos había impactado sobre su auto, dañando el espejo. Por supuesto, nosotros en seguida confesamos el delito. Le dijimos que habíamos sido nosotros los culpables, y que habíamos estado arrojando los caracoles que nos había regalado la abuela.

Después de un instante de silencio, sucedió lo que jamás hubiéramos imaginado que sucedería. Ella simplemente nos pidió que no lo volviéramos a hacer.

¿Habíamos hecho algo malo? Sí.

¿Éramos culpables? Sí.

¿Hubo terceros perjudicados? Sí.

¿Fuimos condenados por el delito? No.

¿Por qué? Porque nuestra madre ya había dado la cara por nosotros, sus hijos.

Sin ningún tipo de sentido ni coherencia, recibimos de parte de nuestra madre una Gracia que no merecíamos. Por amor, ella había asumido nuestra culpa como suya.

Claro que eso no implicó que ella aprobara lo que hicimos. De hecho, su orden fue que no lo volviéramos a hacer. Nosotros reconocimos que lo que habíamos hecho estaba mal, y nunca más volvimos a repetir semejante barbaridad.

De manera similar, la Gracia de Dios llega en nuestro rescate pero no nos deja seguir viviendo igual que antes. Nos lleva a ser diferentes. No porque nos obligue, sino porque cuando comprendemos su magnitud y tomamos conciencia de que en realidad no la merecemos, eso nos lleva a querer dejar de pecar. Nos lleva a dejar de buscar las superficialidades de nuestros deseos, y en lugar de eso buscarlo a Él.

La Gracia nos lleva a ser mejores con nosotros mismos y con los demás. Si mi hermana y yo hubiéramos seguido tirando caracoles, no solo nos hubiésemos expuesto a recibir sanciones muy severas por nuestros actos, sino que al mismo tiempo habríamos puesto en riesgo a más personas y sus vehículos. Es decir, nos hubiéramos dañado a nosotros mismos y a otras personas. La Gracia nos sacó de ese lugar. No solo nos salvó, sino que resultó ser además una protección para nosotros y para los demás. Nos ayudó a que dejáramos de ponernos en riesgo a nosotros mismos, y también evitó que otros fuesen lastimados por nosotros.

LA GRACIA DE DIOS LLEGA EN NUESTRO RESCATE PERO NO NOS DEJA SEGUIR VIVIENDO IGUAL QUE ANTES.

Una de las experiencias más impactantes que nos relata la Biblia es la vida de Oseas. Es una historia que nos habla de un pueblo infiel que se olvidó de Dios, que se dejó llevar por sus caprichos y se dejó seducir por otros dioses. Por todo esto, el Señor le pidió a Oseas que se casara con una prostituta y tuviera hijos con ella, para que su vida fuera el ejemplo vivo de cómo el pueblo de Israel había sido infiel con Dios durante tanto tiempo. Aun cuando la esposa de Oseas le había sido infiel, Dios le pidió a Oseas que la perdonara y que la amara incluso cuando ella cometiese adulterio con su amante. Oseas fue obediente y la amó incluso en medio de la infidelidad. Así, Dios habló a través de la vida de este profeta, y su mensaje para su pueblo fue: “Yo te sigo amando como te amé desde el primer día, a pesar de todas las infidelidades que has cometido contra mí".

Ahora bien, una palabra de advertencia para todos nosotros: como en la historia del pastor que fue en busca de la oveja perdida dejando a las otras noventa y nueve en el redil, no nos apropiemos del personaje equivocado de esta historia... ¡no somos Oseas! Tú y yo somos los infieles que se han apartado del Señor, incluso cuando con tanto amor nos rescató. Sin embargo, en el libro de Oseas el Señor nos deja una hermosa promesa:

> *"Yo sanaré su rebeldía y los amaré de pura gracia...".*
> **Oseas 14:4 (NVI)**

¡Tenemos un Dios tan maravilloso que, aun en nuestra rebeldía y en nuestra infidelidad, decide amarnos de pura Gracia! Ese mensaje de perdón y absolución que escuchó la mujer que había sido encontrada en pleno acto de adulterio es el mismo que nos extiende hoy Jesús a ti y a mí.

Eso sí, no olvidemos la parte final: "Vete y no vuelvas a pecar". Es lo mínimo que podemos hacer como respuesta ante tanta Gracia inmerecida.

CAPÍTULO 11: LA LLAMADA

Con Ruth habíamos planeado ese viaje durante meses. Elegimos un lugar que nos gustaría conocer, y apuntamos allí la mira: iríamos a Punta Cana. Un lugar paradisíaco. El Caribe, mar, arena, sol... Todo lo que uno necesita para sentirse feliz y en paz durante las vacaciones.

Preparé las maletas con la ropa, los artículos indispensables de aseo, un botiquín de primeros auxilios y las cámaras que no podían faltar para inmortalizar los mejores momentos de nuestro viaje, y salimos directo al aeropuerto para disfrutar de un bien merecido descanso luego de un año laboral intenso y de emociones fuertes. En un abrir y cerrar de ojos ya estábamos pisando la arena blanca de República Dominicana. “Al fin...”, dije dentro mío.

Ahora permíteme pausar por un segundo esta magnífica escena para hacerte una confesión difícil: yo había llevado de todo, pero me había olvidado de Dios. No por el hecho de haber viajado, ni por querer tener unos días desconectado de absolutamente todas las preocupaciones que podían existir. En realidad, yo me había olvidado de Él mucho antes de siquiera planear ese viaje. Lo había dejado completamente al margen de mi vida por medio de las decisiones que había ido tomando a lo largo de los últimos años. Lo bueno es que ¡Dios no se había olvidado de mí! Él lo tenía todo listo, y yo ni siquiera lo sospechaba.

Volviendo al relato, uno de esos días de playa decidimos visitar una isla en particular, que es un atractivo turístico ineludible si es que pisas tierras dominicanas. Ya estábamos dentro del bus, camino al catamarán al que debíamos subir para ir mar adentro, cuando ocurrió lo que decidí titular "La llamada". No había otra explicación. Era una llamada de Dios. No, no había sonado mi teléfono, pero yo sabía que era Él quien estaba del otro lado. Yo me encontraba en ese momento a casi cinco mil kilómetros de distancia de mi país, Paraguay, lejos de mi hogar, de mi iglesia y de mi familia. Y en ese trayecto, estando dentro del bus, escuché una música que me resultó conocida. La había escuchado antes, ¡y hasta la había cantado! Reconocí inmediatamente la voz de la cantante: era Lilly Goodman. Todo a mi alrededor se detuvo en ese instante, mientras la letra de la canción inundaba mi corazón:

No tienes que dudar del gran amor de tu Padre
Que Él nunca te ha dejado de amar y esperar
Él tiene reservado un lugar en su mesa
Y tu llegada espera, ya no tardes más
Eres una oveja del rebaño del Señor
Tu pastor te está llamando, vuelve hoy
Vuelve como el pródigo a su casa regresó
Cuando lejos de su padre se encontró
Vuelve a casa hoy, vuelve a casa hoy

La canción se titula "*Vuelve a casa*", y realmente yo sentí que cada palabra, cada línea, cada estrofa era Dios mismo susurrándome al oído que volviera a casa. No precisamente que saliera del autobús, fuera al aeropuerto y subiera al primer vuelo de regreso a Paraguay. Era su voz que me llamaba porque yo me había alejado, y Él quería decirme que su amor seguía siendo tan fuerte como la primera vez que nos conocimos. Que yo era parte de su rebaño, y que me esperaba con los brazos abiertos. Que no me tardara.

Me quedé inmóvil por un momento, y luego traté de seguir como si no hubiera pasado nada. Pero era imposible. Dentro mío todo había cambiado. El maestro de la creatividad nuevamente había hecho de las suyas y se las había ingeniado para darme un mensaje sin que nadie se diera cuenta.

Como cuando los niños en la escuela se dejan cartas en los pupitres y luego las miradas cómplices entre ellos son la confirmación de que el mensaje ha sido recibido, así Dios me había hablado, y yo había recibido su mensaje. Enseguida me vino a la mente el siguiente versículo:

> *"...porque los regalos de Dios son irrevocables, como lo es también su llamamiento".*
> **Romanos 11:29 (NVI)**

Y me emocioné al sentir esa Gracia que había llegado hasta mí, nuevamente, sin haberla buscado y sin merecerla en absoluto.

Ahora bien, el problema con el que nos encontramos no es si somos o no conscientes de haber recibido la Gracia de Dios, sino qué hacemos con ella después de recibirla. Voy a tratar de explicarlo con una analogía: imagina que yo salgo a cenar, lo cual hago muy a menudo, y decido ir a un lugar especializado en pizzas. Las venden por porciones, así que comienzo con el primer y el segundo pedazo de pizza y está todo bien. Pido la siguiente porción, con más queso mozzarella, por favor. Me la termino mientras pido una gaseosa. Todavía me siento insatisfecho. Decido ir por un cuarto y quinto pedazo, los dos a la vez. Ya los siento llegar al estómago y creo que me estoy llenando. Pero quiero ir por mi récord personal de pizzas en una sola noche, y entonces hago el esfuerzo, casi como si estuviera corriendo una maratón, y pido un sexto y séptimo pedazos. Los que me acompañan ya me miran sorprendidos por la hazaña, y eso me incentiva más y decido pedir una porción más. Ya no siento hambre ni sed, solo siento pesadez, pero de alguna manera logro terminar el octavo pedazo. Ya no puedo más. Hasta ahí he llegado.

Al día siguiente, por supuesto, me despierto con el pensamiento tortuoso de "no debí haber hecho eso". No solo me duele el estómago, sino que el pobre quedó tan sensible que no puedo siquiera oler comida.

Ahora bien, ustedes no me creerían si por la tarde les dijera: "¡Oigan, esta noche quiero volver a hacerlo! ¡Extraño esa sensación de pesadez, acidez y nauseas que tuve por comer tantas porciones de pizza juntas!". No, no me creerían, ¡sencillamente porque eso nunca sucederá! El único pensamiento que tendré durante toda la tarde será: "¡Nunca más vuelvo a hacer eso!".

Pareciera ser una analogía tonta y sin sentido, pero, ¿acaso no nos comportamos así a veces? Sabemos exactamente qué fue lo que nos hizo sentir mal, pero aun así queremos volver al mismo lugar, a la misma persona o al mismo pecado. Nos sentimos derrotados al día siguiente, y nos lamentamos de no haber sido lo suficientemente fuertes como para parar al momento en que las señales de advertencia ya estaban sonando fuerte. Sabíamos que lo que estábamos haciendo nos iba a dañar, pero aun así seguimos porque en ese momento nos daba placer o "se sentía bien". Luego la culpa no tarda en llegar, y al levantarnos repetimos dentro nuestro, una y otra vez, "no lo volveré a hacer, no lo volveré a hacer". Sin embargo, pasan los días, y a la siguiente oportunidad rompemos esta promesa y nos encontramos así en un circuito de errores y de culpa del que no logramos salir. El ciclo se repite una y otra vez, y entonces se suma al problema la autocompasión, y así decidimos cargar también, en nuestra mochila cada vez más pesada, la culpa por seguir haciendo lo malo una y otra vez.

El problema aquí es que nos estamos olvidando de algo muy importante. Así como el pueblo de Israel engrandeció sus caprichos y se olvidó de la grandeza del Dios que los había liberado tras cuatrocientos años de esclavitud, a veces nosotros, poquito a poco, nos olvidamos de ese poder que actúa en nuestras vidas desde el momento en que recibimos su Gracia. Y al olvidarnos de eso, intentamos recomponernos nosotros mismos, tropiezo tras tropiezo, caída tras caída, siempre con nuestras propias fuerzas, ¡y nos decepcionamos ante el fracaso de no poder hacerlo!

> *"La ley vino después para que aumentara el pecado; pero si el pecado aumentó muchísimo, mucho mayor ha sido el amor gratuito de Dios. De la misma manera como el pecado se enseñoreó de la humanidad y la condujo a la muerte, así también la gracia de Dios reina, nos hace justos y nos da vida eterna a través de Jesucristo nuestro Señor".*
> **Romanos 5:20–21**

¡No hay pecado tan grande que la Gracia de Dios no pueda cubrir! Pero de nada sirve arrastrarse en la culpa si no es para llegar a los pies de Cristo, que es quien nos da completa libertad. De lo contrario, solo estaremos dando vueltas en círculos.

David asesinó a otro hombre, y aun así fue capaz de ser considerado "un hombre conforme al corazón de Dios" y de entrar en la lista de los grandes ejemplos de la fe que leemos en Hebreos 11. En esa misma lista aparece también Sansón como un ejemplo de fe, a pesar de que por causa de su terquedad y de su desobediencia a Dios perdió todas sus fuerzas y fue un gran dolor de cabeza para sus padres.

También está Noé, que luego de sobrevivir al diluvio se emborrachó, tomando el vino de las uvas que había plantado, y al despertarse se enojó con uno de sus hijos que lo había visto desnudo y maldijo a su nieto. Sara también aparece en esa lista, incluso a pesar de que cuando Dios le prometió un hijo a Abraham ella dudó de esa promesa, y hasta llegó a decirle a Abraham que tuviera un hijo con su sirvienta. También tenemos el ejemplo de Rajab, quien antes de encontrarse con los espías israelitas era la prostituta del pueblo. Sin embargo, ella creyó en el único Dios viviente, ¡y no solo integra la lista de héroes de la fe, sino que además es parte del linaje del mismísimo Jesús! Resulta que cuando terminó la invasión a Jericó y todo su pueblo fue exterminado, Rajab se unió al pueblo de Dios. Allí se casó con Salmón (que los estudiosos dicen que podría ser uno de los dos espías que había albergado en su casa). Tuvieron un hijo, y así Rajab dio a luz a Booz; Booz se casó luego con Rut y tuvieron un hijo que se llamó Obed, quien fue el padre de Isaí; finalmente Isaí tuvo a David, ¡y del linaje de David nació Jesús!

Claramente, la Biblia está repleta de personas que fueron grandes ejemplos de fe, pero que también tuvieron sus errores. Sin embargo, aun así, lograron dirigir su mirada al cielo y abrazar la promesa. Hombres y mujeres como tú y yo, imperfectos, impulsivos, ansiosos, desobedientes, con un pasado oscuro en muchos casos, pero que fueron lo suficientemente maduros como para aceptar la corrección de Dios y permitirle que transformara sus vidas. Hoy tenemos una lista con sus nombres y los consideramos "héroes de la fe". Y es que la forma en la que Dios nos ve es completamente opuesta a como muchas veces nos vemos a nosotros mismos. Yo miro la Biblia y me lleno de esperanza al ver a hombres y mujeres tan defectuosos como yo, porque entiendo que la única forma de redención para ellos fue la misma Gracia que está disponible para nosotros hoy. ¿Qué impide que tu nombre esté en la lista que se está escribiendo ahora en los cielos?

Otro nombre que aparece en la lista de héroes de la fe es el de Gedeón, quien no actuó precisamente como un héroe al principio. En realidad, cuando Gedeón se encontró con el ángel del Señor, él estaba escondiendo su cosecha de los madianitas que habían sometido al pueblo de Israel durante siete años. Ellos los invadían, les robaban y los atemorizaban constantemente. Las tribus de Madián eran tan crueles con los israelitas que ellos se escondían en cuevas y en bosques, porque vivían en constante temor de ser atacados y saqueados, ya que cuando los madianitas llegaban se llevaban todo su ganado y sus cosechas, y los dejaban sin nada para comer. Fue en ese tiempo que se le apareció el ángel del Señor a Gedeón, y lo primero que le dijo fue: "¡Guerrero valiente! El Señor está contigo". Ahora bien, lo que Gedeón estaba mostrando en ese momento de su vida no era particularmente un ejemplo de valentía y de coraje. Sin embargo, el Señor le estaba confirmando su identidad desde el primer momento.

A partir de allí se dio un intercambio de palabras entre ambos que tranquilamente podría ser una escena de película. Gedeón le recriminó que si realmente el Señor estaba con él, ¿por qué permitía lo que estaba ocurriendo? (¿te suena familiar esto?) El ángel del Señor hizo caso omiso al reclamo de Gedeón, y le dijo que él sería quien rescataría a Israel de la opresión de los madianitas. Gedeón entonces reaccionó como cualquiera de nosotros reaccionaría. Él dudó, y dijo: "¿Cómo puedo yo salvar a Israel? Mi familia es la más pobre de la tribu de Manasés y yo soy el menor de ella". Nuevamente el ángel del Señor ignoró la autocompasión y le dijo que Él iba a acompañarlo.

Pero el diálogo no terminó ahí. Luego de esta primera visita del ángel del Señor a Gedeón, los ejércitos de Madián, de Amalec y del pueblo del oriente se unieron para invadir y saquear a Israel. Ese fue el momento de la segunda visita del ángel del Señor a Gedeón para confirmar el plan de batalla. Entonces Gedeón puso a prueba al ángel del Señor y le dijo amablemente que si de verdad Él iba a ayudarlo a liberar a Israel, tal vez le podía dar una pequeña señal antes. "Claro, no hay problema", replicó el ángel. "Esta noche voy a poner en el campo una porción de lana de oveja, y si mañana la lana está mojada con el rocío, pero todo el resto del suelo está seco, entonces eso me será señal de que vas a ayudarme a rescatar a Israel", le propuso Gedeón. El ángel del Señor aceptó y al día siguiente la porción de lana estaba completamente mojada. ¡Gedeón exprimió la lana y logró sacar suficiente agua para llenar un tazón! Sin embargo, esa prueba no fue suficiente, y Gedeón insistió, pidiendo que si realmente él iba a ser usado para liberar a Israel, entonces en la noche volvería a poner la porción de lana en el campo, y esta vez la lana debía quedar completamente seca, y alrededor el suelo debía estar mojado. Una vez más, el Ángel probó que era verdad lo que le decía, y la lana amaneció completamente seca mientras que todo el campo alrededor estaba mojado. Así, por fin, Gedeón se convenció de que realmente sería utilizado por el Señor para liberar al pueblo de Israel. Por supuesto, así fue... y no solo eso, sino que además de liberar a Israel de los madianitas, Gedeón también llegó a ser parte de la selecta lista de los "héroes de la fe". Verdaderamente impresionante, ¿verdad? Creo que algo intenta decirnos Dios en su Palabra, y es que la fe no requiere de nosotros la perfección, pero sí requiere obediencia y perseverancia.

> *"Por eso, no pierdan la confianza, porque esta les traerá una gran recompensa. Ustedes necesitan seguir confiando para que, después de haber cumplido la voluntad de Dios, reciban lo que él ha prometido".*
> **Hebreos 10:35-36**

Debemos mantener la mirada fija en la recompensa y perseverar con paciencia, porque el camino se hace más llevadero cuando no perdemos de vista el objetivo, cuando nuestra cabeza está enfocada en una sola cosa. Al momento en que empezamos a dispersar nuestros pensamientos y apartamos nuestra vista de la meta, ingresa la duda. La dispersión es el enemigo de la disciplina. Y se necesita disciplina si uno quiere ser el mejor.

En una entrevista, el excorredor jamaiquino Usain Bolt, conocido como "el hombre más rápido del mundo", luego de que en el año 2009, en Berlín, consiguiera el récord de 9 segundos y 58 centésimas en los cien metros llanos, dijo lo siguiente:

"Como junior, tenía mucho, mucho talento, pero cuando alcancé el nivel senior, todavía era un poco joven e ingenuo y creía

que no necesitaba trabajar duro para competir a un alto nivel. Ir a los Juegos Olímpicos de Atenas y no pasar la primera ronda me ayudó a decir: necesito mirarme y entender que si quiero ser el mejor o si quiero ganar una medalla de oro olímpica, tengo que esforzarme más, necesito trabajar más duro".

Al igual que lo que ocurre con el talento en el deporte, la fe debe ser acompañada de disciplina y perseverancia. Hemos sido rescatados por Gracia, pero eso no significa que no debamos esforzarnos por vivir una vida que sea digna de ese sacrificio.

HEMOS SIDO RESCATADOS POR GRACIA, PERO ESO NO SIGNIFICA QUE NO DEBAMOS ESFORZARNOS POR VIVIR UNA VIDA QUE SEA DIGNA DE ESE SACRIFICIO.

Me encanta este texto de Marianne Williamson sobre "nuestro miedo más profundo":

"Nuestro miedo más profundo no es el de ser inapropiados. Nuestro miedo más profundo es el de ser poderosos más allá de toda medida. Es nuestra luz, no nuestra oscuridad, lo que nos asusta. Nos preguntamos: ¿quién soy yo para ser brillante, precioso, talentoso y fabuloso? Más bien, la pregunta es: ¿quién eres tú para no serlo? Eres hijo de Dios. No hay nada iluminador en encogerte para que otras personas cerca de ti no se sientan inseguras. Nacemos para poner de manifiesto

la gloria de Dios que está dentro de nosotros, como lo hacen los niños. Has nacido para manifestar la gloria divina que existe en nuestro interior. No está solamente en algunos de nosotros; está dentro de todos y cada uno. Y mientras dejamos lucir nuestra propia luz, inconscientemente damos permiso a otras personas para hacer lo mismo. Y al liberarnos de nuestro miedo, nuestra presencia automáticamente libera a los demás".

Que te menosprecies a ti mismo no le sirve de nada al mundo. Que te autosabotees o te autocompadezcas tampoco. Todos nacimos para manifestar la gloria de Dios, para ser una luz que ilumine los lugares más oscuros... y a menudo eso empieza atendiendo una llamada. A mí me tocó recibir esa llamada en medio de un viaje en bus, en un país que no conocía... Pero afortunadamente pude reconocer a tiempo la voz de quien me llamaba y le respondí.

No tengo dudas de que hoy Él también te está llamando a ti. Donde sea que te encuentres. Ya sea en tu casa, en una playa de vacaciones, en el auto atascado en medio del tráfico, en el trabajo aprovechando la hora del almuerzo, o tal vez en el momento más oscuro tu vida, cuando estás ya a punto de abandonar toda esperanza. El teléfono sigue sonando. ¿Lo escuchas? No tardes en atenderlo.

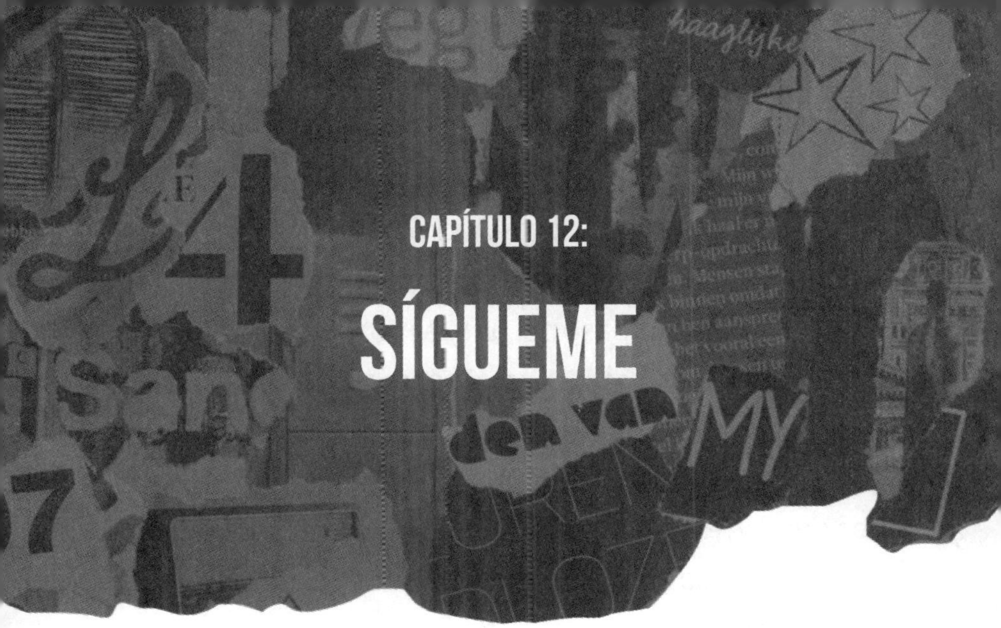

CAPÍTULO 12: SÍGUEME

Cuando se presenta un plan o un proyecto, hay tres tipos de personas: las que lo aceptan, las que lo rechazan y las que en un inicio lo aceptan, pero luego, por el camino, se desvían de su cumplimiento. De la misma manera, podemos ver en los evangelios tres momentos distintos cuando Jesús llamó a sus discípulos y les pidió que lo siguieran.

Después de ser bautizado por Juan el Bautista, Jesús fue llevado por el Espíritu al desierto, donde pasó cuarenta días de prueba. Luego de eso, Él comenzó a anunciar que el reino de Dios se había acercado, y llamó a distintas personas para que lo siguieran. Los que inmediatamente decidieron seguirlo fueron aquellos que luego se convertirían en sus discípulos y apóstoles.

Cuando Jesús llamó a Pedro y Andrés para que lo siguieran, ambos estaban lanzando sus redes al mar porque eran pescadores. Jesús pasó por allí y les dijo: "Síganme y yo los voy a convertir en pescadores de personas". Ahora bien, lo que más me sorprende de esta historia es que no hubo cuestionamiento alguno por parte de Pedro y Andrés. ¡Ambos dejaron al instante lo que estaban haciendo! La Biblia nos cuenta que abandonaron sus redes y lo siguieron. No hubo preguntas, ni consultas, ni dudas. Ellos, simplemente, oyeron a Jesús y dejaron el trabajo que les daba el sustento, para seguir a este hombre que les ofrecía ser mucho más que solo pescadores.

Lo mismo hicieron Jacobo y Juan, que estaban arreglando unas redes que se les habían dañado, con la intención de seguir pescando... hasta que pasó Jesús y los llamó. Entonces ellos dejaron lo que estaban haciendo, e incluso a su padre que estaba con ellos, y siguieron a Jesús.

De esta manera, Jesús estaba empezando a dar forma a su equipo. Podríamos decir que era el *dream team* del momento, solo que los escogidos no eran precisamente los mejores. ¡Jesús los convertiría en un *dream team* más tarde! Sin embargo, hay algo interesante en la forma en que decidió hacerlo y en los lugares que recorrió. Es como si Jesús quisiera que entendiéramos algo de todo esto: Él llama a personas trabajadoras, no a holgazanes. Pero no solo eso. Hay otro detalle importante, y es que a Él nunca le importó lo que los demás opinaran de sus elegidos. Él es el único que conoce todo nuestro potencial, y es el único que puede escudriñar lo más profundo de nuestros corazones y pensamientos. Y Jesús no vino a buscar santos, sino a santificar a pecadores. Esto lo dejó bien claro desde un principio, desde la selección de su dream team. Leemos en la Biblia que mientras iba caminando, Jesús vio a Mateo en su puesto de trabajo y le pidió que lo siguiera para que fuera su discípulo:

"Al salir del lugar, Jesús vio a Mateo, un cobrador de impuestos que estaba sentado junto a la mesa donde se pagaban los tributos.
«Sígueme», le dijo Jesús.
Mateo se levantó y se fue con él. Ese mismo día cenó Jesús en su casa. Y junto con sus discípulos había muchos cobradores de impuestos y gente pecadora. Al ver eso, los fariseos se indignaron.
¿Por qué su Maestro anda con gente de esa calaña? —preguntaron a los discípulos.
Jesús alcanzó a oír aquellas palabras y les respondió: Porque los sanos no necesitan médico, y los enfermos sí. Vayan y traten de entender el texto que

dice: "Misericordia quiero, no sacrificios', porque yo no he venido a llamar a los buenos, sino a los malos".
Mateo 9:9–13

Mateo era un cobrador de impuestos. El pueblo judío despreciaba a los recaudadores de impuestos. Se los consideraba estafadores por cobrar más de lo que debían cobrar, y se los asociaba incluso con personas que llevaban una vida inmoral. Y ahí estaba Mateo, elegido como recaudador para el imperio romano, y ahora escuchando las palabras de Jesús, quien también lo elegía para ser su seguidor.

Como vemos, Jesús no se dejaba llevar por lo que pudieran opinar los demás. Él ya había pasado cuarenta días de prueba en el desierto, y tenía un propósito bien claro y el impulso del Espíritu Santo para empezar el ministerio que cambiaría la historia de la humanidad.

"Al día siguiente, Jesús decidió ir a Galilea. Encontró a Felipe y le dijo: «Ven, sígueme». Felipe era de Betsaida, el pueblo natal de Andrés y Pedro.
Felipe fue a buscar a Natanael y le dijo:
—¡Hemos encontrado a aquel de quien Moisés y los profetas escribieron! Se llama Jesús, el hijo de José, de Nazaret.
—¡Nazaret! —exclamó Natanael—. ¿Acaso puede salir

algo bueno de Nazaret?

—Ven y compruébalo tú mismo—le respondió Felipe.

Mientras ellos se acercaban, Jesús dijo:

—Aquí viene un verdadero hijo de Israel, un hombre totalmente íntegro.

—¿Cómo es que me conoces?—le preguntó Natanael.

—Pude verte debajo de la higuera antes de que Felipe te encontrara—contestó Jesús.

Entonces Natanael exclamó:

—Rabí, ¡tú eres el Hijo de Dios, el Rey de Israel!".

Juan 1:43–49 (NTV)

Una y otra vez vemos que, a medida que Jesús iba llamando a sus discípulos, estos dejaban lo que fuera que estaban haciendo en ese momento y lo seguían. Así, Jesús llamó a pescadores, que eran trabajadores incansables aunque sin educación; a recaudadores de impuestos, que eran vistos como enemigos por el pueblo judío, de mala fama y pecadores; también llamó a quienes consideró personas verdaderamente íntegras, como Natanael, y hasta incluso llamó a Judas, quien más tarde lo habría de traicionar.

Jesús había conformado el equipo humano más imperfecto posible. Un dream team que nadie jamás hubiera elegido. Ningún departamento de recursos humanos de ninguna empresa aprobaría jamás esta selección, y ningún seleccionador de ningún deporte habría reunido a estos hombres en un mismo equipo. De hecho, estoy casi seguro de que la mayoría, si no todos, reprobarían las pruebas de admisión de cualquier universidad, y no pasarían ni la primera entrevista laboral. Sin embargo, este fue el equipo que Jesús escogió para revolucionar el mundo. Y con ellos, a nosotros.

Pero la oferta de Jesús también fue rechazada por algunos. En cierta ocasión, alguien se le acercó y le preguntó qué tenía que hacer para alcanzar la vida eterna, pero no le gustó la respuesta que el Maestro tenía para darle. Es una de esas conversaciones difíciles de olvidar. Se trataba de un muchacho joven, con sed de lo eterno, pero con ambas manos sosteniendo vasos vacíos que, sin embargo, no quiso soltar. Jesús le respondió que si deseaba la vida eterna cumpliera los mandamientos. El joven le respondió que ya cumplía con todo eso. Entonces Jesús volvió su mirada hacia el joven (y si esto fuera una película, en ese momento hubiera hecho un guiño a la cámara) y dejó escrita para la posteridad la siguiente respuesta:

> *"...ve, vende todo lo que tienes y dales el dinero a los pobres. De esta manera tendrás tesoros en el cielo. Y*

> *cuando lo hayas hecho, ven y sígueme.*
> *Cuando el joven oyó esto, se fue muy triste porque era extremadamente rico".*
> **Mateo 19:21–22**

El joven se entristeció porque amó más sus bienes pasajeros y sus riquezas en la tierra que la vida eterna que le ofrecía Jesús. Se aferró a esos vasos vacíos que llevaba en ambas manos, en lugar de beber de la fuente que le daría agua de vida por toda la eternidad.

A diferencia de cuando Jesús llamó a sus discípulos, en esta ocasión Él vio que lo que había en el corazón de este joven lo tenía anclado en el puerto equivocado. Jesús intentó liberar el ancla, pero el joven no se animó a dar ese paso de fe. A Pedro, Andrés, Jacobo, Juan, Mateo, Felipe y Natanael, Jesús simplemente les dijo: "Sígueme", y al instante ellos dejaron todo y lo siguieron. Pero hubo algo que Jesús notó en este joven y que le hizo cambiar el orden de su oferta: primero debía despojarse de todas sus riquezas, y recién después podría seguir a Jesús.

Hoy en día, nosotros tenemos que tomar una decisión similar. Aceptar la oferta de Jesús y seguirlo implica dejar todo aquello que nos tiene atados a este mundo. Debemos entender que su oferta llega sin que alcancemos los requisitos mínimos, pero su Gracia cubre todos nuestros defectos. Pero a cambio de eso, nos pide un renunciamiento total a lo que creíamos era la verdad, para que así podamos comenzar a caminar al lado de la Verdad.

Y como decíamos al principio, así como algunos lo aceptan y otros lo rechazan, hay un tercer grupo de personas que queda en el medio, y que es difícil de clasificar: los que en algún momento aceptaron seguir a Jesús pero luego se perdieron en el camino. ¿Eso cambia lo que Jesús siente por ellos? No. ¿De alguna manera eso elimina el propósito que Dios tiene con ellos? Tampoco.

¡Qué bueno que tenemos el ejemplo de la vida de Pedro para poder dimensionar el alcance y la profundidad de la Gracia de Dios para con nosotros! Como sabemos, Pedro era un pescador. Mientras estaba trabajando, Jesús lo vio y lo llamó. Pedro no cuestionó nada, ni lo dudó por un segundo. Él siguió con determinación a Jesús desde el primer momento. ¡Cuántos de nosotros desearíamos haber acudido a ese primer llamado como Pedro, en lugar de haber dudado tanto por el camino! Sin embargo, la vida

SU OFERTA LLEGA SIN QUE ALCANCEMOS LOS REQUISITOS MÍNIMOS, PERO SU GRACIA CUBRE TODOS NUESTROS DEFECTOS.

de Pedro también tuvo altibajos. Su historial tiene varios momentos de dudas e incertidumbres, ¡pero aun así, es el único hombre, además de Jesús, que logró caminar sobre las aguas! Por otra parte, también es a quien Jesús le dijo: "Apártate de mí, Satanás", y el que, a pesar de sus promesas, lo negó, en menos de medio día, no una ni dos sino tres veces.

"Aunque los demás te abandonen, yo jamás te abandonaré —le dijo Pedro.
Pedro —le respondió Jesús—, te aseguro que esta noche, antes que el gallo cante, me negarás tres veces.
¡Aunque me cueste la vida, no te negaré! —insistió Pedro...".
Mateo 26:33–35

"Mientras Pedro estaba en el patio, una muchacha se le acercó y le dijo:
Tú también andabas con Jesús el galileo.
No sé de qué estás hablando —le respondió Pedro enojado.
Más tarde, a la salida, otra mujer lo vio y dijo a los que lo rodeaban:
Ese hombre andaba con Jesús el nazareno.
Esta vez, Pedro juró que no lo conocía y que ni siquiera había oído hablar de él. Pero al poco rato se le acerca-

ron los que por allí andaban y le dijeron:
No puedes negar que eres uno de los discípulos de ese hombre. ¡Hasta tu manera de hablar te delata!
Por respuesta, Pedro se puso a maldecir y a jurar que no lo conocía. Pero mientras hablaba, el gallo cantó y le hizo recordar las palabras de Jesús: «Antes que el gallo cante, me negarás tres veces».
Y corrió afuera a llorar amargamente".
Mateo 26:69–75

Hay que admitirlo: Pedro era un bocón. También era muy impulsivo, al punto de cortarle la oreja a uno de los siervos del sumo sacerdote cuando fueron a arrestar a Jesús. Antes de eso, Pedro había caminado con Jesús, y había sido testigo de sus más grandes milagros e incluso de su transfiguración. Pedro sabía que Jesús era el Hijo de Dios, y aun así, llegado el momento, lo negó.

¡No puedo imaginar cuánta tristeza habrá invadido el corazón de Pedro cuando escuchó al gallo cantar y recordó las palabras de Jesús que había anticipado que lo traicionaría! Sin embargo, Dios es un Dios de nuevas oportunidades y su Gracia no se había agotado. Por eso, en Juan 21:1-19 encontramos el siguiente episodio que marcó de manera definitiva un antes y un después en la vida de Pedro. En este momento de la historia, Jesús ya había muerto, había resucitado y se les había aparecido a varias personas. Pero este fue el día que cambió la vida de Pedro para siempre.

"Después de esto, Jesús se apareció una vez más a sus discípulos junto al lago de Tiberiades. Así fue como sucedió: Estaban juntos Simón Pedro, Tomás al que llamaban el Gemelo, Natanael, el de Caná de Galilea, los hijos de Zebedeo, y otros dos discípulos. Simón Pedro dijo:
Me voy a pescar.
Ellos le contestaron:
Nosotros vamos contigo. Salieron de allí y se subieron a la barca, pero esa noche no pescaron nada.
En la madrugada, Jesús estaba en la orilla, pero los discípulos no se dieron cuenta de que era él.
Jesús les preguntó:
Muchachos, ¿tienen algo de comer?
No —contestaron ellos.
Jesús les dijo:
Echen la red a la derecha de la barca, y pescarán algo.
Así lo hicieron, y ya no podían sacar la red del agua por tantos pescados que tenía.
El discípulo a quien Jesús quería mucho le dijo a Pedro:
¡Es el Señor!
Cuando Simón Pedro le oyó decir: «Es el Señor», se

puso la ropa, pues estaba casi desnudo, y se tiró al agua. Los otros discípulos llegaron a la playa en la barca, arrastrando la red llena de pescados, pues estaban como a cien metros de la orilla.

Al bajar a tierra, vieron una fogata con un pescado encima, y pan.

Jesús les dijo:

Tráiganme algunos de los pescados que acaban de sacar.

Simón Pedro subió a la barca y arrastró hasta la orilla la red, que estaba llena de pescados grandes. Eran ciento cincuenta y tres pescados, y a pesar de ser tantos la red no se rompió.

Jesús les dijo:

Vengan a desayunar.

Ninguno de los discípulos se atrevió a preguntarle quién era, porque sabían que era el Señor.

Jesús se acercó, tomó el pan y se lo dio a ellos, e hizo lo mismo con el pescado. Esta era la tercera vez que Jesús se aparecía a sus discípulos después de haber resucitado.

Después de desayunar, Jesús le preguntó a Simón Pedro:

Simón, hijo de Juan, ¿me amas más que estos?

Pedro le contestó:

Sí, Señor, tú sabes que te quiero.

Jesús le dijo:

Cuida de mis corderos.
Jesús volvió a preguntarle:
Simón, hijo de Juan, ¿me amas?
Sí, Señor, tú sabes que te quiero.
Jesús le dijo:
Cuida de mis ovejas.
Por tercera vez Jesús le preguntó:
Simón, hijo de Juan, ¿me quieres?
Pedro se puso triste de que Jesús le preguntara por tercera vez: «¿Me quieres?». Entonces le dijo:
Señor, tú lo sabes todo; tú sabes que te quiero.
Jesús le dijo:
Cuida de mis ovejas. Es verdad que cuando eras más joven tú mismo te vestías e ibas a donde querías; pero cuando seas viejo, extenderás los brazos y otro te vestirá y te llevará a donde no quieras ir. Jesús dijo esto para dar a entender de qué manera moriría Pedro y así glorificaría a Dios. Después le dijo:
¡Sígueme!".

¡Pedro debe ser uno de los pocos pescadores del mundo que se pone su ropa para tirarse al agua! Su túnica, la que utilizaba para recorrer las aldeas con el mismísimo Jesús, era su vestimenta de discípulo, de escogido. Era la indumentaria que le demostraba a la gente que él formaba parte del dream team de Jesús. Sin embargo, Pedro se había desprendido de ella creyendo que ya había terminado todo. Él había abandonado toda esperanza. Es por eso que lo primero que hizo Pedro cuando se enteró de que era Jesús quien estaba en la orilla fue vestirse. Le dio vergüenza que Jesús lo viera como estaba. No porque estuviese desnudo, sino porque el mensaje era claro: él había tirado su uniforme de trabajo. Así como cuando un boxeador se retira y cuelga sus guantes, o como cuando un futbolista cuelga sus botines. Pedro había colgado su túnica. Se había retirado de la misión.

El haber negado a Jesús tres veces en una misma madrugada fue una mochila demasiado pesada para él, y no pudo soportarla. No aguantó la vergüenza. Pedro, el que había sido testigo de la gloria misma en la tierra, el valiente discípulo de Jesús, se encontraba ahora retirado por la vergüenza que sentía de haber negado a su maestro. Pero Jesús aún no había terminado su trabajo en la vida de Pedro. Él tenía un plan. En el pasaje que acabamos de leer vimos que no solo se les apareció, sino que les hizo pescar una enorme cantidad de peces. Además, los esperó en la orilla y les preparó el desayuno. Teniendo en cuenta que la última vez que comieron juntos había terminado con la crucifixión de Jesús, el compartir una comida no era precisamente el mejor de los recuerdos. Así que Jesús se encargó de darles un nuevo momento para recordar, comiendo una vez más juntos. Leemos también en el pasaje que ninguno de los discípulos se animó a preguntar si era o no Jesús, para no pasar vergüenza. Pero ellos sabían que no había otro que pudiera aparecer de esa forma, tratándolos como amigos, y dándoles las coordenadas exactas de dónde tirar la red para pescar.

Finalmente, llegó el momento que Jesús estaba esperando. Él quería devolverle la motivación y la confianza a Pedro. Quería llenarlo nuevamente de esa pasión que había perdido por el camino, y que lo había hecho despojarse de su túnica. Le hizo un gesto y lo llamó. Se apartaron de los demás, y allí nació una de las mejores conversaciones que encontramos en la Biblia con el Jesús resucitado. Tal vez hubo un silencio incómodo al principio, mientras Pedro, cabizbajo, esperaba para ver si Jesús le reclamaría por haberle negado, o si saldría de sus labios una sentencia como: "Yo te lo dije, Pedro". Pero no. Solo un momento de silencio, y luego una media sonrisa de Jesús que preguntaba: "Simón, hijo de Juan, ¿me amas más que estos?". ¡Imagina la sorpresa de Pedro! "Sí, Señor, tú sabes que te quiero", respondió él.

Ahora, todos sabemos que si alguien te pregunta si le amas, y tú le respondes que le quieres, es como que hay un eslabón en el medio que no encaja, ¿verdad? La explicación es que probablemente Pedro no se sentía digno de decirle a Jesús que lo amaba después de lo que había hecho. La culpa seguía acusándolo. Sin embargo, Jesús se encargaría de sacar capa por capa esa culpa hasta restaurar por completo el corazón herido de Pedro.

"Entonces, alimenta a mis corderos", respondió Jesús, y volvió a insistir: "Simón, hijo de Juan, ¿me amas?". "Sí, Señor, tú sabes que te quiero", respondió Pedro. La culpa seguía allí. "Entonces, cuida de mis ovejas", respondió el maestro, y luego cambió la pregunta: "Simón, hijo de Juan, ¿me quieres...?".

Ese fue el golpe final. Supongo que a Pedro le habrá dolido en su orgullo que Jesús le preguntara si lo quería, pero él aún no era capaz de responderle que lo amaba, ¡porque Pedro amaba a Jesús, pero la culpa que cargaba por sentir que había decepcionado a su maestro era muy grande! Sin embargo, allí estaba el Salvador para redimirlo de toda culpa y restaurarlo en su misión. "Señor, tú sabes todo. Tú sabes que yo te quiero", fueron las palabras finales que escogió Pedro para responderle a Jesús. Y una vez que Jesús le reveló cuál sería su forma de morir, dio la pincelada final a su obra redentora. Mirando a Pedro a los ojos, volvió a llamarlo: "Sígueme".

El plan de Jesús fue sublime. Su estrategia fue llevada a cabo a la perfección. Jesús sabía el peso de la culpa que sentía Pedro por haberlo negado tres veces, y por eso lo llevó a reafirmar la misma cantidad veces que lo amaba, aunque no haya podido decirlo con todas las letras. Además, su forma de dirigirse a Pedro fue especial. Jesús lo llamó "Simón, hijo de Juan", como en aquella ocasión en que se conocieron por primera vez. Otro detalle interesante es que en esas tres veces, luego de su respuesta, Jesús le encomendó a Pedro la misión de cuidar de las ovejas, llevándolo a asumir una responsabilidad de pastor, y no simplemente de ser parte del rebaño. De esta manera, Jesús posicionó a Pedro como líder de la Iglesia antes de la Era de la Iglesia.

Y finalmente, la cereza del pastel: ese "Sígueme" de Jesús, que debe haber sonado como una dulce melodía, siendo como un bálsamo a la herida de Pedro. Sin duda, con esta palabra lo remontó a ese primer encuentro para que Pedro volviera a sentir lo que nunca había cambiado para Jesús: que Él lo elegía, y que aún lo amaba como la primera vez.

Al decirle "Sígueme" una vez más, Jesús reafirmó el compromiso de Pedro, y lo hizo con amor, no con reclamos ni juicios. Él no lo llevó en ningún momento a recordar lo que había pasado para llenarlo de culpa, sino que hizo todo lo contrario: lo dirigió al momento de su primer encuentro y sustituyó los recuerdos de culpa por unos nuevos recuerdos de compromiso.

Fue una jugada magistral. Y es lo mismo que quiere hacer Jesús hoy contigo. Él quiere llevarte de vuelta a ese primer encuentro con Él. Quiere asegurarte que, sin importar lo que haya pasado en el camino, Él te ama igual que al principio. Y quiere que dejes caer de una vez por todas esa mochila pesada, llena de culpa, que ya no tiene sentido cargar.

Para Él las cosas nunca cambiaron. Él te sigue amando como te amó desde el primer momento. Y quiere sustituir tus malos recuerdos y reemplazarlos por unos nuevos, de compromiso, de esperanza, de fe, de gozo y de salvación.

¿Estás listo para la aventura?

"Sígueme", te dice Jesús.